개념어휘 한번 알면 평생 국어왕

문제를 이해하지 못하는 어린이를 위한
개념어휘 한번 알면 평생 국어왕

글 남상욱, 최설희 | **그림** 문지현
펴낸날 2013년 4월 1일 초판 1쇄, 2021년 7월 19일 초판 6쇄
펴낸이 김상수 | **기획·편집** 서유진, 권정화, 조유진, 이성령 | **디자인** 문정선, 조은영 | **영업·마케팅** 황형석, 임혜은
펴낸곳 루크하우스 | **주소** 서울시 서초구 사임당로 50 해양빌딩 504호 | **전화** 02)468-5057 | **팩스** 02)468-5051
출판등록 2010년 12월 15일 제2010-59호
www.lukhouse.com   cafe.naver.com/lukhouse

© 남상욱 2013
저작권자의 동의 없이 무단 복제 및 전재를 금합니다.

ISBN 978-89-97174-54-6 63710

※ 잘못된 책은 구입처에서 바꾸어 드립니다.
※ 값은 뒤표지에 있습니다.

 상상의집은 (주)루크하우스의 아동출판 브랜드입니다.

문제를 이해하지 못하는 어린이를 위한

개념어휘

한번 알면 평생

국어왕

주제

중심문장

상상의집

이 책을 읽는 학부모와 어린이 여러분께

"교과서도 스토리텔링 시대"
개념어휘로 국어의 초석을 다진다

초등학교 1, 2학년의 교과서는 Story-telling 방식으로 구성됩니다. 스토리(story)와 텔링(telling)의 합성어인 '스토리텔링'은 재미있는 이야기를 통해 지식 정보를 전달하는 것을 목적으로 합니다. 그동안 숫자와 연산 중심으로 배우던 수학조차 긴 서술형 문제를 이해하지 못하면 문제를 풀 수 없다는 이야기입니다. 한마디로 수학을 잘하기 위해서는 먼저 국어를 잘해야 하는 것이지요.

이 책은 초등학교 전 과정에 나온 개념어휘를 총망라하였습니다. 국어 활동별로 챕터를 5개로 나누고 어휘력·독해력이 차례로 향상되도록 구성하였습니다. 특히 국어 시험에 자주 출제되는 개념어휘를 지식-이해-적용-분석-종합-평가의 6단계로 체득할 수 있습니다. 개념어휘는 한번 배우면 평생 쓰는 국어 공부의 핵심입니다. 하지만 개념어휘를 모르는 아이들은 시험지를 받아들고 눈앞이 캄캄하기만 합니다. '주제가 뭐지?', '토의와 토론은 같은 말이야?', '이 글을 주장과 근거로 나누라고?' 이제까지 어느 누구에게도 배운 적이 없는 말들이 시험지 위에 와르르 쏟아지기 때문입니다.

이 책은 어린이들이 꼭 알아야 할 국어의 개념어휘를, 꼭 읽어야 할 고전 명작에 녹여 냈습니다. 〈안네의 일기〉를 통해 '글의 소재'를, 〈오성과 한음의 이야기〉를 통해 '관점의 차이'를, 〈토끼전〉을 통해 '토의와 토론'을, 〈빨간 머리 앤〉을 통해 '비유적인 표현'을, 〈아라비안나이트〉를 통해 '액자식 구성'을 배울 수 있습니다. 이야기를 통해 개념어휘를 익히고, 개념어휘를 적용하여 이야기를 이해하고 분석하며, 또 다른 이야기를 통해 개념을 종합하고 평가하는 것이지요. 어휘력, 독해력, 사고력, 창의력, 표현력 등 국어의 종합적인 능력을 한 번에 다질 수 있습니다.

　〈속담이 백 개라도 꿰어야 국어왕〉과 〈위풍당당 고사성어 자신만만 국어왕〉에 이은 국어왕 세 번째 시리즈 〈개념어휘 한번 알면 평생 국어왕〉은 국어 공부로 스트레스 받는 어린이들을 위한 책입니다. 문제집처럼 억지로 풀지 않아도, 재미있고 기이한 이야기들을 읽기만 해도 저절로 국어 능력이 길러지니까요. 첫 장을 펼치는 순간 달달 외우지 않아도 술술 문제가 풀리고 쑥쑥 성적이 오르는 이야기의 힘을 느낄 수 있습니다.

이 책의 구성 및 활용법

챕터 구성

5개의 국어 활동으로 챕터를 구성합니다

- '읽기', '말하기·듣기', '쓰기', '문학', '논술'의 5개 국어 활동으로 챕터 구성
- 어휘력·독해력을 고려한 단계별 구성

꼭지 구성

지식 → 이해 → 적용 → 분석 → 종합 → 평가

개념어휘의 지식을 배웁니다.

- 개념어휘 미리 확인하기
- 뜻풀이를 통해 의미 파악하기

개념어휘를 이해하고 고전 명작에 적용합니다

- 꼭 읽어야 할 고전 명작에 꼭 알아야 할 국어 개념어휘 적용하기
- 재미있는 옛이야기와 일러스트로 상상력 키우기

개념어휘로 고전 명작을 분석합니다

🌷 개념어휘로 고전 명작 감상하기
🌷 고전 명작에 대한 새롭고 다양한 시각 제시

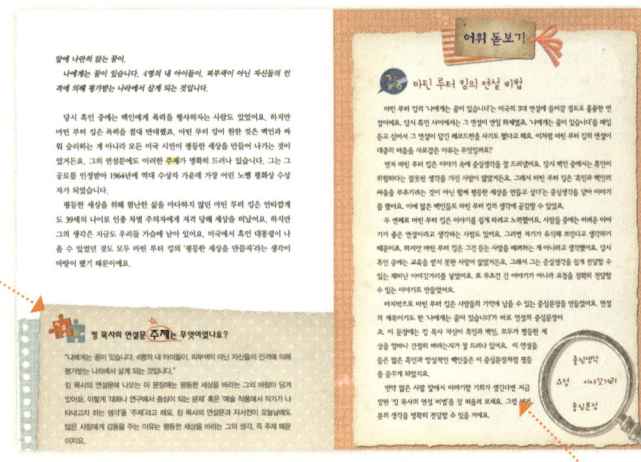

스토리텔링으로 국어 개념 및 지식을 종합합니다

🌷 개념어휘 실생활에 적용하기
🌷 어휘력, 독해력, 사고력, 창의력, 표현력 등 국어의 종합적인 능력 다지기

퍼즐을 통해 챕터별 개념어휘를 평가합니다

🌷 개념어휘의 뜻 점검하기
🌷 개념어휘 이해하고 활용하기
🌷 해당 챕터의 핵심 개념어휘를 한눈에!

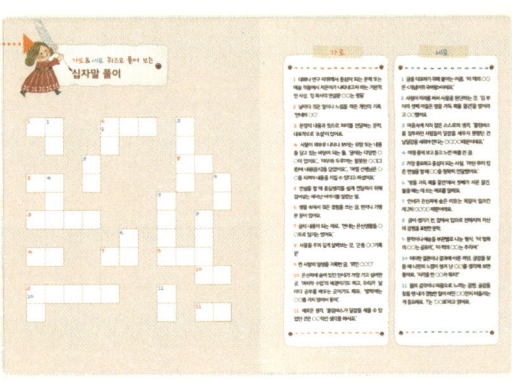

차 례

01 읽기에 필요한 어휘

주제 · 14
- 동화: 나에게는 꿈이 있습니다
- 깊이 읽기: 킹 목사의 연설문 주제는 무엇이었나요?
- 개념어휘 더하기: 중심생각, 요점, 이야깃거리, 중심문장, 제목

글감 · 18
- 동화: 안네의 일기
- 깊이 읽기: 안네는 무엇을 글감으로 일기를 썼나요?
- 개념어휘 더하기: 관찰, 느낌, 이유

형식 · 22
- 동화: 마지막 수업
- 깊이 읽기: 아멜 선생님이 말하는 형식이란 무엇인가요?
- 개념어휘 더하기: 장르, 갈래, 시, 소설, 희곡, 수필, 기행문, 생활문, 설명문, 광고문, 전기문

생각 · 28
- 동화: 방을 가득 채울 물건
- 깊이 읽기: 막내아들은 무엇으로 방을 가득 채우겠다고 생각했나요?
- 개념어휘 더하기: 고정관념, 창의

가로 & 세로 퀴즈로 풀어 보는 십자말 풀이

02 말하기·듣기에 필요한 어휘

토의 · 36
- 동화: 토끼전
- 깊이 읽기: 〈토끼전〉에서는 어떤 문제를 두고 토의가 벌어졌나요?
- 개념어휘 더하기: 청중, 토론

쟁점 · 42
- 동화: 황금 사과와 세 여신
- 깊이 읽기: 여신들이 싸우게 된 쟁점은 무엇인가요?
- 개념어휘 더하기: 대립, 반박

근거 · 46
- 동화: 셜록 홈스
- 깊이 읽기: 홈스는 무엇을 근거로 왓슨 박사가 아프가니스탄에서 왔다고 했나요?
- 개념어휘 더하기: 관찰, 근거, 가설

회의 · 50
- 동화: 금수회의록
- 깊이 읽기: 동물들은 왜 회의를 열었나요?
- 개념어휘 더하기: 의제, 개회, 재청, 표결, 폐회

관점 ········· 54
- 동화: 오성과 한음의 감나무 이야기
- 깊이 읽기: 하인은 어떤 관점으로 감나무를 자기 집의 것이라고 했나요?
- 개념어휘 더하기: 관점, 입장, 관용, 객관적 사실

발표 ········· 58
- 동화: 발표의 달인 스티브 잡스
- 깊이 읽기: 스티브 잡스처럼 발표해 봐요!
- 개념어휘 더하기: 발표, 연설, 스토리텔링

어법 ········· 62
- 동화: 고기 한 근
- 깊이 읽기: 우리가 쓰는 어법에는 어떤 것이 있을까요?
- 개념어휘 더하기: 올바른 높임 표현, 표준어, 방언(사투리)

음운 변동 ········· 66
- 동화: 오시오 자시오 가시오
- 깊이 읽기: 봉이 김선달은 음운 변동을 이용해 못된 상인을 골려 주었어요!
- 개념어휘 더하기: 자음, 모음, 음운

 가로 & 세로 퀴즈로 풀어 보는 **십자말 풀이**

03 쓰기에 필요한 어휘

낱말 ········· 74
- 동화: 헬렌켈러의 〈모든 사물에는 이름이 있습니다〉
- 깊이 읽기: 헬렌켈러가 배운 낱말들은 무엇인가요?
- 개념어휘 더하기: 낱말, 의미

문장 ········· 78
- 동화: 위인들의 명언
- 깊이 읽기: 문장으로 미래의 명언을 만들어 봐요.
- 개념어휘 더하기: 평서문, 의문문, 감탄문, 명령문, 청유문, 주어, 서술어, 목적어, 부사, 보어, 관형어

문장부호 ········· 84
- 동화: 문장부호는 어떻게 만들어졌을까
- 깊이 읽기: 문장부호를 잘못 쓰면 어떤 일이 일어날까요?
- 개념어휘 더하기: 쉼표, 마침표, 큰따옴표, 작은따옴표, 말줄임표, 대괄호, 소괄호, 쌍점

육하원칙 ········· 88
- 동화: 나무 그늘을 산 총각
- 깊이 읽기: 총각이 나무 그늘을 산 일을 육하원칙에 따라 정리해 볼까요?
- 개념어휘 더하기: 기사문, 사실, 정보

가로 & 세로 퀴즈로 풀어 보는 **십자말 풀이**

04 문학 감상에 필요한 어휘

시 96

동화: 달을 벗 삼아 노래한 이백

깊이 읽기: 이백의 시를 읽고 난 느낌을 이야기해 봐요!

개념어휘 더하기: 행, 연, 자유시, 산문시, 시인, 시어

시조 102

동화: 이방원의 〈하여가〉에 〈단심가〉로 답한 정몽주

깊이 읽기: 시조〈하여가〉와〈단심가〉의 역사적 배경을 살펴보아요.

개념어휘 더하기: 초장, 중장, 종장, 음보

운율 106

동화: 시와 음악은 한 몸이었다

깊이 읽기: 시를 왜 운율이 있는 언어로 표현할까요?

개념어휘 더하기: 외형률, 내재율

심상 110

동화: 성냥팔이 소녀가 마음으로 그린 그림

깊이 읽기: 성냥팔이 소녀가 떠올린 심상은 무엇인가요?

개념어휘 더하기: 이미지

비유 114

동화: 빨간 머리 앤의 수다 비법

깊이 읽기: 빨간 머리 앤은 나무를 무엇에 비유했나요?

개념어휘 더하기: 비유(직유법, 은유법, 의인법, 활유법), 상징

반어 118

동화: 운수 좋은 날

깊이 읽기: 김 첨지는 왜 반어적인 표현을 썼을까요?

개념어휘 더하기: 반어(아이러니), 역설(패러독스)

소설 122

동화: 이야기꾼 박 영감 오는 날

깊이 읽기: 전기수는 소설을 들려주는 직업이에요!

개념어휘 더하기: 소설의 3요소 (주제, 문체, 구성)

구성 126

동화: 이야기 속에 이야기가 담긴 〈아라비안나이트〉

깊이 읽기: 아라비안나이트의 구성을 이야기해 볼까요?

개념어휘 더하기: 소설 구성의 3요소 (인물, 배경, 사건)

발단·전개·위기·절정·결말 ... 130

동화: 당나귀를 팔러 간 아버지와 아들

깊이 읽기: 발단·전개·위기·절정·결말로 이야기 나누기

개념어휘 더하기: 기·승·전·결, 서론·본론·결론

시점 134

동화: 사랑손님과 어머니

깊이 읽기: 〈사랑손님과 어머니〉는 옥희의 시점으로 쓰였어요!

개념어휘 더하기: 시점, 화자

묘사 ·················· 138
  동화: 황소를 만난 개구리
  깊이 읽기: 내가 새끼 개구리였다면 황소를 어떻게 묘사했을까요?
  개념어휘 더하기: 설명, 묘사

희곡 ·················· 142
  동화: 시대를 넘어 사랑받는 셰익스피어의 희곡
  깊이 읽기: 희곡은 무대에서 공연을 하기 위한 글이에요.
  개념어휘 더하기: 장, 막, 단막극, 행동, 갈등, 대사, 지문

 가로 & 세로 퀴즈로 풀어 보는 십자말 풀이

05 논술에 필요한 어휘

주장과 논거 ·················· 150
  동화: 솔로몬의 지혜
  깊이 읽기: 솔로몬 왕의 판결을 주장과 논거로 나누어 볼까요?
  개념어휘 더하기: 문제, 해결, 논술

비교와 대조 ·················· 154
  동화: 레오나르도 다 빈치 VS 미켈란젤로
  깊이 읽기: 다 빈치와 미켈란젤로를 비교 대조해 볼까요?
  개념어휘 더하기: 기준, 공통점, 차이점

유추 ·················· 158
  동화: 뉴턴의 사과
  깊이 읽기: 뉴턴은 떨어지는 사과에서 무엇을 유추했나요?
  개념어휘 더하기: 유비 추리, 상상력

원인과 결과 ·················· 162
  동화: 만년 샤쓰
  깊이 읽기: 창남이에게 새 별명이 지어지는 과정을 원인과 결과로 나누어 볼까요?
  개념어휘 더하기: 인과관계

정의와 오류 ·················· 166
  동화: 이것은 무엇일까요?
  깊이 읽기: 창민이는 코끼리를 정의하는데 어떤 오류를 범했나요?
  개념어휘 더하기: 전체, 부분, 모순

분류와 분석 ·················· 170
  동화: 파브르 곤충기
  깊이 읽기: 파브르의 이야기를 통해 분류와 분석이 무엇인지 설명해 볼까요?
  개념어휘 더하기: 기준, 비교, 종류

개념 ·················· 174
  동화: 다윈과 종의 기원
  깊이 읽기: 다윈의 이야기를 듣고 개념이 무엇인지 이야기해 보세요.
  개념어휘 더하기: 스토리텔링으로 배우는 국어 개념어휘

 가로 & 세로 퀴즈로 풀어 보는 십자말 풀이

01
읽기에 필요한 어휘

주제

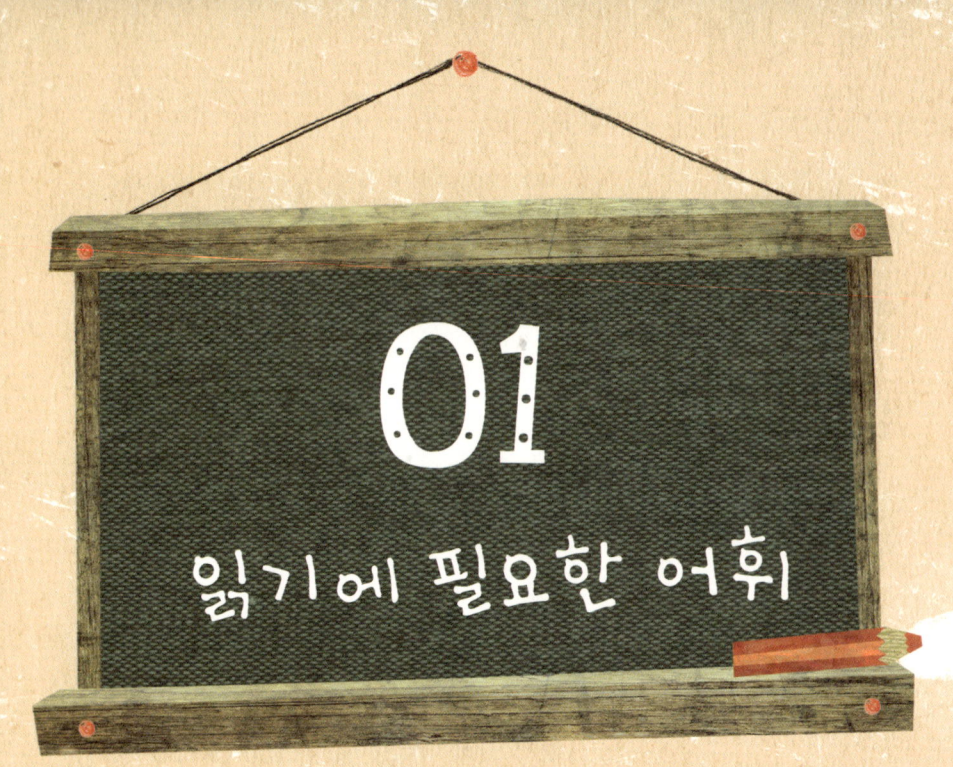

주제

1. 대화나 연구 따위에서 중심이 되는 문제.
2. 예술 작품에서 지은이가 나타내고자 하는 기본적인 사상.

 **나에게는 꿈이 있습니다**

1963년, 미국의 수도 워싱턴이 시끌벅적했어요. 전국에서 모인 수십만 명의 흑인들 때문이었죠. 그들이 모인 이유는 하나였어요. 흑인이 차별받지 않는 세상을 만들기 위해서였어요.

피부색이 다르다는 이유로 차별받는 상황을 견디다 못한 흑인들은 힘을 합치기로 했어요. 전 세계에 자신들의 목소리를 전하기로 한 것이었어요. 그리고 그 중심에는 마틴 루터 킹이 있었어요.

마틴 루터 킹은 미국의 목사로 훌륭한 흑인 인권 운동가였어요. 링컨 대통령이 남북 전쟁에서 승리해 흑인 노예가 해방된 지 백 년이 지났지만, 흑인 차별은 사라지지 않았어요. 백인 전용 식당에서는 흑인 손님을 받지 않았고, 백인 전용 버스에 흑인이 탔다가 경찰에 체포되기도 했어요. 그런 차별을 본 마틴 루터 킹은 모든 흑인들이 힘을 합치길 바랐어요.

드디어 1963년, 미국의 수도 워싱턴에 수십만 명의 흑인과 그들을 돕는 백인들이 모였어요. 함께 워싱턴 시내를 걸으며 흑인 차별을 없애자고 한목소리로 외쳤죠. 그리고 링컨 기념관으로 향했어요. 그곳에서 마틴 루터 킹이 연설을 하기로 했거든요.

마틴 루터 킹은 자신을 바라보는 수많은 사람들과 기자들 앞에서 연설을 시작했어요. 바로 '나에게는 꿈이 있습니다'라는 유명한 연설이지요. 그 가운데 한 부분을 소개할게요.

나에게는 꿈이 있습니다. 언젠가 조지아의 붉은 언덕에서 노예의 자식들과 주인의 자식들이 함께 모여 동포애의 탁자

앞에 나란히 앉는 꿈이.

　나에게는 꿈이 있습니다. 4명의 내 아이들이, 피부색이 아닌 자신들의 인격에 의해 평가받는 나라에서 살게 되는 것입니다.

　당시 흑인 중에는 백인에게 폭력을 행사하자는 사람도 있었어요. 하지만 마틴 루터 킹은 폭력을 절대 반대했죠. 마틴 루터 킹이 원한 것은 백인과 싸워 승리하는 게 아니라 모든 미국 시민이 평등한 세상을 만들어 나가는 것이었거든요. 그의 연설문에도 이러한 주제가 명확히 드러나 있습니다. 그는 그 공로를 인정받아 1964년에 역대 수상자 가운데 가장 어린 노벨 평화상 수상자가 되었습니다.

　평등한 세상을 위해 힘난한 삶을 마다하지 않던 마틴 루터 킹은 안타깝게도 39세의 나이로 인종 차별 주의자에게 저격당해 세상을 떠났어요. 하지만 그의 생각은 지금도 우리들 가슴에 남아 있어요. 미국에서 흑인 대통령이 나올 수 있었던 것도 모두 마틴 루터 킹의 '평등한 세상을 만들자'라는 생각이 바탕이 됐기 때문이에요.

 킹 목사의 연설문 주제는 무엇이었나요?

"나에게는 꿈이 있습니다. 4명의 내 아이들이, 피부색이 아닌 자신들의 인격에 의해 평가받는 나라에서 살게 되는 것입니다."
킹 목사의 연설문에 나오는 이 문장에는 평등한 세상을 바라는 그의 바람이 담겨 있어요. 이렇게 '대화나 연구에서 중심이 되는 문제' 혹은 '예술 작품에서 작가가 나타내고자 하는 생각'을 '주제'라고 해요. 킹 목사의 연설문과 자서전이 오늘날에도 많은 사람에게 감동을 주는 이유는 평등한 세상을 바라는 그의 생각, 즉 주제 때문이지요.

어휘 돋보기

 마틴 루터 킹의 연설 비법

　마틴 루터 킹의 '나에게는 꿈이 있습니다'는 미국의 3대 연설에 들어갈 정도로 훌륭한 연설이에요. 당시 흑인 사이에서는 그 연설이 연일 화제였죠. '나에게는 꿈이 있습니다'를 매일 듣고 싶어서 그 연설이 담긴 레코드판을 사기도 했다고 해요. 이처럼 마틴 루터 킹의 연설이 대중의 마음을 사로잡은 이유는 무엇일까요?

　먼저 마틴 루터 킹은 이야기 속에 중심생각을 잘 드러냈어요. 당시 백인 중에서는 흑인이 위험하다는 잘못된 생각을 가진 사람이 많았거든요. 그래서 마틴 루터 킹은 '흑인과 백인의 싸움을 부추기려는 것이 아닌 함께 평등한 세상을 만들고 싶다'는 중심생각을 담아 이야기를 했어요. 이에 많은 백인들도 마틴 루터 킹의 생각에 공감할 수 있었죠.

　두 번째로 마틴 루터 킹은 이야기를 쉽게 하려고 노력했어요. 사람들 중에는 어려운 이야기가 좋은 연설이라고 생각하는 사람도 있어요. 그러면 자기가 유식해 보인다고 생각하기 때문이죠. 하지만 마틴 루터 킹은 그건 듣는 사람을 배려하는 게 아니라고 생각했어요. 당시 흑인 중에는 교육을 받지 못한 사람이 많았거든요. 그래서 그는 중심생각을 쉽게 전달할 수 있는 재미난 이야깃거리를 넣었어요. 또 무조건 긴 이야기가 아니라 요점을 정확히 전달할 수 있는 이야기로 만들었어요.

　마지막으로 마틴 루터 킹은 사람들의 기억에 남을 수 있는 중심문장을 만들었어요. 연설의 제목이기도 한 '나에게는 꿈이 있습니다'가 바로 연설의 중심문장이죠. 이 문장에는 킹 목사 자신이 흑인과 백인, 모두가 평등한 세상을 얼마나 간절히 바라는지가 잘 드러나 있어요. 이 연설을 들은 많은 흑인과 양심적인 백인들은 이 중심문장처럼 평등을 꿈꾸게 되었지요.

　만약 많은 사람 앞에서 이야기할 기회가 생긴다면 지금 말한 '킹 목사의 연설 비법'을 잘 떠올려 보세요. 그럼 여러분의 생각을 명확히 전달할 수 있을 거예요.

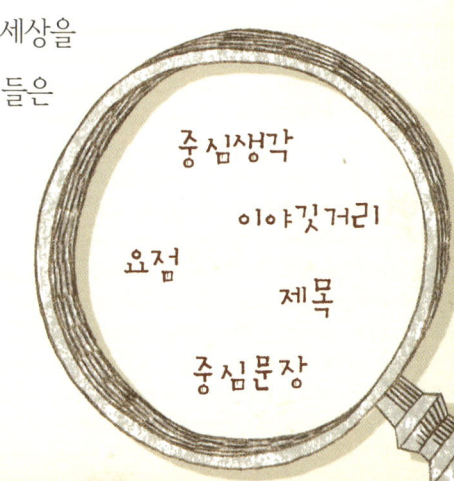

중심생각
이야깃거리
요점
제목
중심문장

글감

글의 내용이 되는 재료.

 안네의 일기

안네 프랑크라는 이름을 들어 봤나요? 안네 프랑크는 1940년대에 네덜란드에 살았던 한 소녀의 이름이에요. 가족, 친구들과 행복하게 지내던 어느 날 안네에게 커다란 일이 닥쳐요. 유럽에 제2차 세계대전이 일어나면서 독일군이 네덜란드를 침략한 것이에요. 독일군을 지휘하는 히틀러는 유대인을 굉장히 싫어했는데, 안네의 가족이 바로 유대인이었어요. 그래서 안네의 가족은 비밀 장소를 만들어 그곳에 숨어 살아요. 언제 독일군이 쳐들어올지 모르는 불안한 상황 속에서 안네는 일기장에 '키티'라는 이름을 지어 주고, 자신의 이야기를 털어놓았어요.

비밀 장소를 한 번도 벗어날 수 없었던 안네이기에, 일기의 내용 대부분은 안네가 숨어 지낸 생활을 글감으로 삼고 있어요. 그중에서 두 편의 일기를 살펴보기로 해요.

1943년 1월 13일 수요일
안녕, 키티.
 오늘 아침에는 정말 아무것도 할 수가 없었어. 모든 게 다 엉망처럼 느껴졌거든. 바깥은 점점 더 무서워져만 가. 나와 우리 가족은 이렇게 숨어 있지만, 다른 유대인은 독일군에게 자꾸 붙잡혀 가고 있어. 가족들도 서로 헤어진대.
 밤이 되면 수백 대의 비행기가 날아가는 소리가 들려. 네덜란드를 지나 독일로 날아가는 비행기지. 지금 독일 도시들은 폭격을 받아서 잿더미가 되어 버렸어. 소련(지금의 러시아)과 아프리카에서도 수많은 사람이 계속해서 죽어만 가. 이렇게 안전한 곳에 숨어 있는 나와 우리 가족은 운이 좋은 거야······.
 하지만 지금 우리도 가지고 있는 돈이 다 떨어지면 어떻게 될지 몰라. 지금 밖은 정말 추운데, 이런 날에도 얇은 옷에 슬리퍼만 신고 다니는 사람이 있어. 그런 사람들은 시든 당근

만 먹으며 이 겨울을 보내.

나와 우리 가족은 어서 이 불행이 끝나기만을 기다리고 있어.

1943년 7월 23일 금요일

키티!

오늘은 전쟁이 끝나면 나와 함께 숨은 어른들이 뭘 하고 싶은지 이야기해 줄게.

뜨거운 물이 가득 담긴 욕조에서 목욕을 하고 싶다는 사람도 있었고, 달콤한 케이크를 마음껏 먹고 싶다는 사람도 있었어. 어떤 아저씨는 헤어진 부인과 만날 일만 생각하고 계셔. 엄마는 향긋한 커피를 마시고 싶다고 하셨고, 아빠는 병원에 입원한 친구 문병을 가고 싶어 하셔. 그리고 내 친구 페터는 마음껏 거리를 걷다가 영화를 보고 싶대.

나? 나는……, 그런 날이 오면 정말 기뻐서 뭘 해야 할지 모를 것 같아. 가장 원하는 건 자유롭게 살면서 학교에 다니는 거야. 전쟁이 끝난 뒤에 뭘 할지 생각하면 정말 행복해.

두 편의 일기에서 안네의 슬픔이 느껴지지 않나요? 힘든 상황에서도 순수함을 잃지 않는 안네의 모습에 눈시울이 붉어지기까지 해요.

 안네는 무엇을 글감으로 일기를 썼나요?

글감이란 글의 내용이 되는 재료를 말해요. 제2차 세계대전 중 은신 생활을 하던 안네는 이를 글감으로 감동적인 일기를 남겨요. 안네와 그녀의 가족은 전쟁이 끝나기 직전 독일군에게 붙잡혀 수용소로 끌려가 숨을 거두지만 안네가 쓴 일기는 〈안네의 일기〉란 책으로 나와 지금까지 전 세계 수많은 어린이와 만나고 있어요. 전쟁이 끝나면 경험담을 글감으로 책을 내고 싶다던 안네의 소원이 그녀가 죽은 뒤에야 이루어졌어요.

어휘 돋보기

 우리 곁에 있는 아름다운 글감을 찾아봐요

우리는 매일 저녁마다 일기를 써요. 하지만 일기장을 펼칠 때마다 한숨이 나오죠.
"오늘 일기 뭐 쓰지?"

이렇게 일기 쓰기가 어려운 이유는 '글감'을 제대로 찾지 못했기 때문이에요. 한 덩이의 빵을 만들기 위해 밀가루와 계란, 우유 등 여러 가지 재료가 필요하듯 한 편의 일기를 완성하기 위해서는 글감이란 재료가 잘 준비되어 있어야 하죠. 그런데 우리는 글감을 특별한 것이라고 생각해요. 기이하거나 새로운 일, 감동이 있는 일만 일기의 글감이라고 생각하죠. 하지만 꼭 그렇지는 않아요. 생각하기에 따라서 우리가 겪는 일은 모두 특별한 글감이 될 수 있어요. 그럼 함께 글감을 찾는 법을 알아볼까요?

먼저 일기장을 펴고 오늘 하루 동안 있었던 일을 떠올려 보세요. 언뜻 생각하면 늘 어제와 똑같은 오늘이죠. 학교에 가고, 수업을 듣고, 친구들과 놀고, 집으로 돌아오죠. 하지만 곰곰이 생각해 봐요. 분명 어제와는 달랐던 오늘만의 일이 있을 거예요. 내 주변에 있었던 일을 자세히 관찰하는 것. 그것이 글감을 찾는 첫 번째 단계예요.

그리고 오늘 있었던 일에 대한 나의 느낌을 떠올려 보세요. 같은 일을 겪더라도 나와 친구가 받는 느낌이 전혀 다를 수 있어요. '나만의 느낌', 그게 글감을 찾는 두 번째 단계예요.

그리고 마지막으로 '왜 나는 그런 느낌을 받았나' 그 이유를 생각해 적어 보는 거예요. 그게 바로 글감의 가장 중요한 부분이죠. 나만의 느낌이 생겨난 이유를 적음으로써 다른 사람도 그 느낌에 공감할 수 있거든요.

이렇게 일기를 쓰다 보면 별 다를 것 없었던 오늘이 얼마나 반짝이는 글감으로 가득 차 있는지 알게 될 거예요.

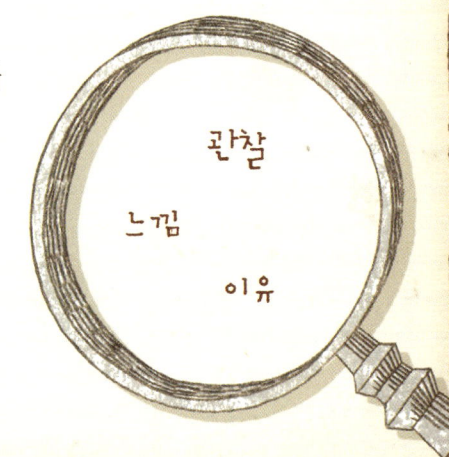

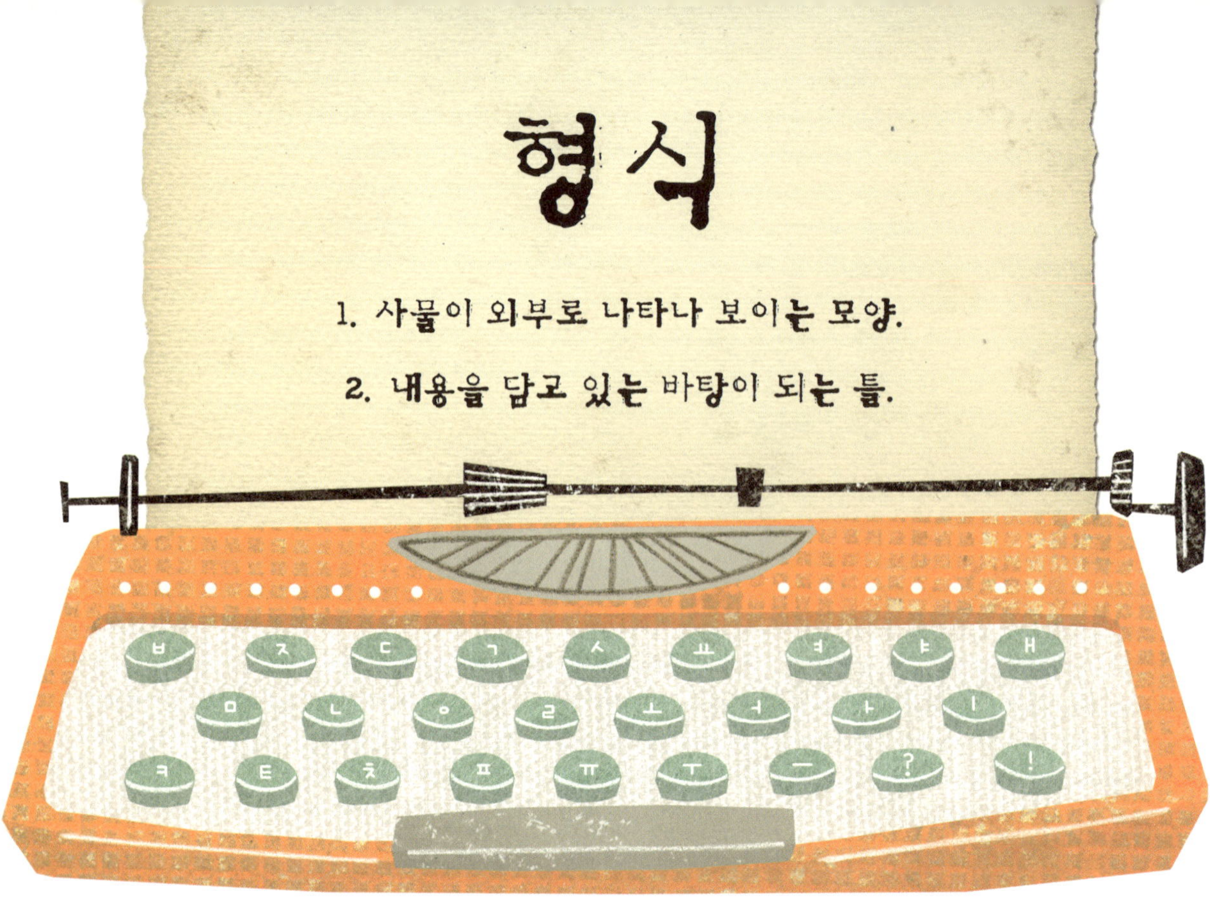

형식

1. 사물이 외부로 나타나 보이는 모양.
2. 내용을 담고 있는 바탕이 되는 틀.

 마지막 수업

아침에 눈을 뜨자마자 나는 덜컥 겁이 났습니다. 왜냐하면 학교에 갈 시간이 한참 지나 있었거든요. 게다가 오늘은 선생님이 프랑스어 공부를 잘하고 있는지 물어보신다고 했는데, 공부도 하지 않았어요. 그래서 수업에 빠질까 생각도 했어요. 하지만 차마 그럴 수는 없어서 학교를 향해 뛰어갔습니다.

교실 문을 여니 친구들은 모두 제자리에 앉아 있었고, 아멜 선생님은 교탁 앞에 서 계셨습니다. 나는 혼이 날까 봐 얼굴이 새빨개졌어요. 그런데 아멜 선생님은 화를 내지 않으셨어요. 오히려 부드러운 목소리로 말씀하셨죠.

"프란츠, 하마터면 널 빼놓고 수업을 할 뻔했구나. 어서 자리에 앉아라."

나는 몰래 안도의 한숨을 내쉬며 자리에 앉았습니다. 그런데 뭔가 이상했어요. 아멜 선생님이 중요한 날에만 입는 정장을 입고 계셨거든요. 그리고 늘 비어 있던 교실 의자에 마을 어른들이 앉아 있는 게 아니겠어요. 어른들은 모두 슬픈 표정을 짓고 있었어요.

내가 무슨 일인지 몰라 두리번거리는 동안 아멜 선생님이 부드럽고도 엄숙한 목소리로 말씀하셨어요.

"여러분, 내일부터 우리 학교는 독일어로밖에 수업을 할 수가 없습니다. 내일 베를린에서 새로운 선생님이 오실 것입니다. 오늘이 제가 프랑스어로 여러분들을 가르치는 마지막 수업입니다."

나는 그 말에 충격을 받았어요. 독일이 우리 프랑스를 점령한 후 드디어 프랑스어를 없애기로 결정한 것이에요. 나는 아직 프랑스어를 제대로 쓸 줄도 모르는데, 이제는 다시 프랑스어를 배울 수 없게 되어 버렸어요.

아멜 선생님은 천천히 말씀하셨어요.

"……이제 우리가 프랑스 사람이란 걸 어떻게 증명할 수 있을까? 프랑스어를 못 하는 프랑스 사람이라니! 독일인이 비웃어도 우리는 할 말이 없단다."

수업 시간 동안 아멜 선생님은 프랑스어가 얼마나 아름다운 말인지 설명해 주셨어요. 그리고 프랑스어라는 형식을 지켜야만 다른 나라의 식민지가 되더라도 우리의 정신을 지킬 수 있다고 말씀하셨지요.

나와 친구들, 마을 어른들 모두 수업에 집중하다 보니 어느새 종이 울렸습니다. 아멜 선생님이 의자에서 벌떡 일어나셨어요. 지금까지 선생님이 그렇게 크게 보인 적은 없었어요.

"여러분! 나는……."

하지만 선생님은 차마 말을 잇지 못하셨어요. 선생님은 칠판 쪽으로 돌아서더니 프랑스어로 큰 글씨를 썼습니다.

프랑스 만세!

선생님은 돌아서지 못한 채 마지막 말씀을 하셨습니다.

"이것으로, 마지막 수업은 끝입니다……. 모두 돌아가세요."

아멜 선생님이 말하는 형식이란 무엇인가요?

어떤 사람, 어떤 사물이 무엇인지 나타내 주는 외부의 모양을 '형식'이라고 해요. 프랑스인은 정신과 가치, 문화를 프랑스어라는 형식에 담아 이야기하지요. 그렇기 때문에 아멜 선생님은 프랑스어를 꼭 지켜야 한다고 말씀하신 거예요. 반면 독일인들은 프랑스어 속에 담긴 정신과 문화가 이어지지 않기를 바라기 때문에 프랑스어를 배우지 못하게 한 것이죠.

어휘 돋보기

 형식 때문에 굶은 여우와 두루미

　동물 마을에 여우와 두루미가 이웃사촌으로 살고 있었어요.

　여우는 자신의 생일잔치에 두루미를 초대했어요. 두루미는 맛있는 음식을 먹을 생각에 신이 나서 여우의 집으로 갔어요. 여우는 반가워하며 두루미를 식탁으로 안내했어요.

　그런데 맛있는 수프가 납작한 접시 위에 담겨 있는 게 아니겠어요. 여우는 혀로 수프를 맛있게 핥아 먹었어요. 하지만 두루미의 긴 부리로는 납작한 접시에 담긴 수프를 먹을 수가 없었지요. 결국 두루미는 화가 잔뜩 나서 돌아가 버렸어요.

　며칠 후 두루미는 자신의 생일잔치에 여우를 초대했어요. 그러고는 길쭉한 호리병에 담긴 생선을 대접했죠. 두루미는 긴 부리를 호리병에 집어넣고 생선을 꺼내 먹었어요. 하지만 여우는 주둥이가 너무 뭉툭해서 생선을 한 마리도 꺼내 먹지 못했어요. 여우는 화가 나 말했어요.

　"이런 호리병에 주면 내가 생선을 먹을 수가 없잖아!"

　두루미가 빈정대며 대답했어요.

　"그럼 너는 왜 수프를 납작한 접시에 준 건데? 나는 그날 아무것도 먹을 수가 없었어."

　그제야 여우는 자신의 잘못을 깨닫고 부끄러워 얼굴이 빨개졌어요.

　그 후 여우는 두루미를 초대할 때마다 호리병에 음식을 담아 주었고, 두루미 역시 여우를 초대할 때 납작한 접시에 음식을 담아 주었답니다. 그 결과 모두 맛있는 식사를 할 수 있었어요.

　위의 이야기에서 살펴보았듯이 내용(음식)만큼 중요한 것이 바로 형식(그릇)이에요. 아무리 맛있는 음식도 맞지 않는 그릇에 담아내면 먹을 수가 없으니까요. 글도 마찬가지예요.

　만약 형식을 잘못 선택한다면 독자가 그 내용을 이해하기 힘들겠지요? 그렇기 때문에 글을 잘 쓰는 것만큼이나 어떤 형식으로 글을 쓸지 결정하는 것이 무척 중요하답니다.

 문학 작품의 다양한 형식

아주 먼 옛날, 사람들은 즐거운 일이나 슬픈 일이 생기면 춤을 추고 노래를 부르며 원시적인 타악기를 두드려 자신의 감정을 표현하였어요. 그러다 언어가 생겨나자 사람들은 자연스레 자신의 감정을 언어로 표현하기 시작했지요. 이때 생겨난 것이 입에서 입으로 전해지는 구비문학이에요. 하지만 구비문학은 기록으로 남지 않아 어느 순간 사라지거나 내용이 다르게 변하는 경우가 많았어요. 그러다 마침내 문자가 생겨나면서 사람들은 자신의 말을 글로 남길 수 있게 되었어요. 이것을 기록문학이라고 해요. 하지만 이삼백 년 전까지만 하더라도 대부분의 사람들은 글을 몰랐기 때문에 기록문학보다는 구비문학을 즐겼어요. 이후 구비문학은 기록문학으로 정착되었지요. 〈흥부가〉, 〈심청가〉, 〈춘향가〉 같은 판소리가 기록문학인 〈흥부전〉, 〈심청전〉, 〈춘향전〉으로 변했듯이 말이에요. 언어가 생겨나기 전에는 사람들이 자신의 감정을 노래로 전달했는데, 이후 리듬감이 살아 있는 언어를 바탕으로 문학이 발달했어요. 이를 운문문학이라고 해요. 가장 대표적인 운문문학으로는 '시'가 있죠. 하지만 언어가 정착되자 문장의 내용과 뜻으로 의미를 전달하는 문학이 생겨났어요. 이런 문학을 산문문학이라고 해요. 가장 대표적인 산문문학으로는 '소설'이 있어요.

현재 우리가 문학의 종류를 이야기할 때는 표현하는 형식에 따라 나누는 게 일반적이에요. 크게 시, 소설, 희곡, 수필의 네 가지로 나눌 수 있죠. 시는 작가의 생각을 운율이 있는 언어로 표현한 문학이에요. 소설은 작가가 상상한 이야기를 문장으로 자유롭게 표현한 문학이죠. 희곡은 연극을 공연하기 위한 대본으로, 대사와 행동으로 갈등을 보여 줘요. 마지막으로 수필은 작가가 생활 속에서 겪은 일을 통한 생각과 느낌을 자유롭게 쓴 글이랍니다.

구비문학
운문문학 기록문학
시 소설 희곡 수필
산문문학

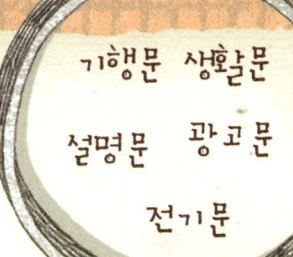

 목적에 따라 형식이 달라요!

　우리는 흔히 글이라고 하면 문학 작품을 떠올려요. 하지만 문학이 아닌 다른 글도 세상에는 많이 있답니다.

　우리가 가장 가까이에서 만나는 글은 바로 생활문이에요. 생활 속에서 겪은 경험을 쓰는 글이죠. 그렇기 때문에 지어내거나 꾸며서 쓰기보다는 솔직하게 쓰는 것이 중요해요. 생활문에는 매일매일 있었던 일을 쓰는 일기, 안부나 소식을 전하기 위해 다른 사람에게 보내는 편지, 여행을 하며 보고 듣고 느낀 점을 쓰는 기행문 등이 있어요.

　설명문은 어떤 사실이나 정보를 다른 사람에게 전달하기 위해 쓰는 글이에요. 자신의 느낌보다는 객관적인 사실이 중요하죠. 전자 제품에 들어 있는 사용 설명서나 맛있는 요리를 만드는 조리법이 적힌 레시피, 단어의 뜻을 풀어 쓴 사전이나 우리가 학교에서 공부할 때 꼭 필요한 교과서 등도 모두 설명문의 종류예요.

　논설문은 생각이나 의견을 주장하는 글이에요. 논설문의 가장 큰 목적은 다른 사람을 설득하는 데 있죠. 그렇기 때문에 주장에 독창성이 있어야 하고, 주장을 뒷받침하는 근거가 타당해야만 해요. 사람들 앞에서 연설을 하기 위해 쓰는 연설문이 대표적인 논설문이에요.

　텔레비전, 신문, 인터넷에서 자주 만나는 광고도 있어요. 광고는 글과 시청각적인 자극이 어우러져 표현되지요. 이를 광고문이라고 해요. 광고문은 제품이나 기업, 그리고 공익적 내용을 긍정적인 방향으로 널리 알리기 위해 쓰여요. 그래서 각각 제품 광고문, 기업 광고문, 공익 광고문으로 구분되죠. 광고문은 장점을 강조하기 위해 사실을 부풀리거나 단점을 숨기는 경우가 많기 때문에 비판적인 입장을 가지고 읽는 것이 중요해요.

　이 밖에도 실용적인 목적을 가지고 쓰는 실용문, 한 사람의 일생을 기록한 전기문 등 여러 종류의 글이 있어요.

생각

사람이 머리를 써서 사물을 판단하는 것.

 **방을 가득 채울 물건**

옛날 어느 마을에 장사를 해서 돈을 많이 번 김 부자란 사람이 살았어요. 김 부자에게는 남부럽지 않을 정도로 훌륭하게 키운 세 아들이 있었죠. 주변 사람들은 김 부자를 부러워했어요.

"돈도 많은데 잘 자란 아들이 셋이나 있으니 세상에 무슨 걱정이 있겠어?"

하지만 김 부자에게도 고민이 하나 있었어요.

'내 재산을 세 아들 중 누구에게 물려줘야 할까?'

오랜 세월 장사를 한 김 부자는 돈의 중요성을 누구보다 잘 알고 있었거든요. 또 아무 생각 없이 돈을 쓰다 망하는 사람도 숱하게 보았지요. 그래서 세

아들 중 가장 생각이 깊은 아들에게 자신의 재산을 물려주고 싶었어요. 그렇게 며칠을 고민하던 김 부자의 머릿속에 문득 좋은 꾀가 떠올랐어요.

김 부자는 방으로 세 아들을 불러 모았어요. 그리고 엽전 한 닢씩을 쥐어 주었죠.

"자, 그 돈을 가지고 밖으로 나가 이 방을 가득 채울 물건을 구해 오너라. 이 방을 가득 채우는 이에게 내 모든 재산을 물려줄 것이다."

갑작스러운 아버지의 말에 세 아들은 당황했어요. 엽전 한 닢으로는 살 수 있는 물건이 별로 없었거든요. 하지만 이것이 아버지의 시험이라는 걸 알기에 세 아들은 일단 집을 나섰어요.

셋 중 성격이 가장 급한 첫째 아들은 눈에 띄는 물건 중 가장 부피가 커 보이는 땔감 한 단을 샀어요. 그리고 한달음에 집으로 달려왔죠. 하지만 땔감 한 단은 방을 가득 채우기에 턱없이 부족했어요.

셋 중 꾀가 많은 둘째 아들은 실 한 뭉치를 샀어요. 그리고 집으로 돌아와 실을 길게 풀어 방을 뒤덮으려 했죠. 땔감보다는 나았지만 방을 가득 채우기에는 부족했어요. 오히려 실이 지저분하게 엉켜 보기 싫기까지 했죠.

아버지는 두 아들을 보며 긴 한숨을 내쉬었어요. 첫째 아들에게 재산을 준다면 급한 성격에 마구 쓸 게 뻔했고, 둘째 아들에게 재산을 준다면 갖은 꾀로 재산을 불리려다 오히려 실패할 것이 불 보듯 했기 때문이에요.

해가 뉘엿뉘엿 질 무렵 셋 중 가장 차분한 막내아들이 돌아왔어요. 그런데 막내아들의 손에는 아무것도 들려 있지 않았어요. 이를 이상하게 여긴 아버지가 물어봤어요.

"애야, 너는 가장 늦게 왔으면서도 아무 물건도 사 오지 않았구나. 시험이 너무 어려워서 포기한 거냐?"

막내아들은 미소를 띠며 방 안으로 들어갔어요. 이제 해도 거의 넘어가 방 안은 깜깜했죠. 그때 막내아들이 품에서 무언가를 꺼내더니 부싯돌을 튕겼어요. 그러자 방 안이 순식간에 밝아졌어요. 막내아들이 사 온 것은 바로 양초였어요. 막내아들은 '빛'이 방을 가득 채울 수 있는 물건이라고 생각했던 거죠.

김 부자는 양초의 빛이 방 안을 가득 채운 걸 보고는 흐뭇한 미소를 지었어요. 그리고 막내아들에게 전 재산을 물려주었죠. 막내아들은 장사를 해서 재산을 더욱 불려 나가며 두 형님과 함께 행복하게 살았답니다.

 막내아들은 무엇으로 방을 가득 채우겠다고 생각했나요?

막내아들은 날이 어두워지자 양초에 불을 켜 방 안을 환하게 만들었어요. 생각은 인간이 가진 큰 힘이에요. 만약 여러분이었다면 무엇으로 방을 가득 채웠을지 말해 보세요. 공기, 사랑 등 곰곰이 생각하면 방을 가득 채울 물건은 많답니다.

어휘 돋보기

 **'콜럼버스의 달걀'과 생각의 중요성**

이탈리아의 모험가 콜럼버스가 아메리카 신대륙을 발견하고 돌아왔을 때의 일이에요. 콜럼버스의 성공적인 항해를 축하하기 위한 잔치가 열렸죠. 그런데 잔치에 온 손님 중 콜럼버스를 질투하는 몇몇 사람들이 수군거렸어요.

"신대륙을 발견하는 게 뭐가 어렵다고 그래. 서쪽으로 쭉 가기만 하면 되는걸. 그 정도는 나도 할 수 있겠네."

그 말을 들은 콜럼버스는 사람들에게 다가가 삶은 달걀을 내밀었어요.

"여러분 중에 혹시 이 달걀을 똑바로 세울 수 있는 사람이 있다면 큰 보물을 드리지요."

사람들은 신대륙에서 발견한 보물을 받으리란 기대에 열심히 달걀을 세우려 했어요. 하지만 아무리 노력해도 달걀은 세워지지 않았어요. 그때 콜럼버스가 삶은 달걀을 탁자에 '탁' 하고 내려놓았어요. 그러자 달걀 한쪽이 깨지며 탁자 위에 달걀이 똑바로 섰어요. 그 모습을 본 사람들은 툴툴거렸어요.

"그렇게 세우는 거면 누가 못 하나?"

콜럼버스가 대답했어요.

"하지만 이렇게 생각하고 실천한 사람은 저밖에 없습니다. 신대륙 발견도 이와 같은 일이죠."

그 말에 콜럼버스를 질투하던 사람들은 모두 입을 다물었어요.

왜 사람들은 콜럼버스처럼 생각하지 못했을까요? 그건 바로 많은 사람들이 고정관념, 즉 자신의 생각에 스스로 갇혀서 다른 생각을 하지 못했기 때문이에요. '콜럼버스의 달걀' 이야기는 남들과 다른 생각을 한다는 것, 다시 말해 창의적인 생각을 한다는 것이 얼마나 중요한 일인지를 잘 알려 주는 사례랍니다.

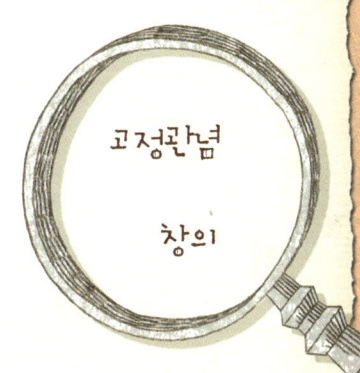

고정관념

창의

가로 & 세로 퀴즈로 풀어 보는
십자말 풀이

정답 192쪽

가로

1 대화나 연구 따위에서 중심이 되는 문제 또는 예술 작품에서 지은이가 나타내고자 하는 기본적인 사상. '킹 목사의 연설문 ○○는 평등'

2 생활 속에서 겪은 경험을 쓰는 글. 편지나 기행문 등이 있어요.

3 사물을 주의 깊게 살펴보는 것. '곤충 ○○기록문'

4 날마다 겪은 일이나 느낌을 적은 개인의 기록. '안네의 ○○'

5 문장의 내용과 뜻으로 의미를 전달하는 문학. 대표적으로 '소설'이 있어요.

6 사물이 외부로 나타나 보이는 모양 또는 내용을 담고 있는 바탕이 되는 틀. '글에는 다양한 ○○이 있어요', '여우와 두루미는 잘못된 ○○(그릇)에 내용(음식)을 담았어요', '아멜 선생님은 ○○을 지켜야 내용을 지킬 수 있다고 하셨어요'

7 글의 내용이 되는 재료. '안네는 은신생활을 ○○으로 일기를 썼어요'

8 어떤 인물의 생애와 업적, 언행, 성품 등을 사실에 바탕을 두고 기록한 글. '위인 ○○○'

9 은신처에 숨어 있던 안네가 가장 가고 싶어한 곳. '마지막 수업'의 배경이기도 하고, 우리가 날마다 공부를 배우는 곳이기도 해요. '방학에는 ○○를 가지 않아서 좋아'

10 연설을 할 때 중심생각을 쉽게 전달하기 위해 집어넣는 재미난 이야기를 일컫는 말.

11 새로운 생각. '콜럼버스가 달걀을 세울 수 있었던 것은 ○○적인 생각을 해서죠', '○○력 키우기'

세로

1 글을 대표하기 위해 붙이는 이름. '이 책의 ○○은 <개념어휘 국어왕>이에요'

2 사람이 머리를 써서 사물을 판단하는 것. '김 부자의 셋째 아들은 방을 가득 채울 물건을 빛이라고 ○○했어요'

3 마음속에 자리 잡은 스스로의 생각. '콜럼버스를 질투하던 사람들이 달걀을 세우지 못했던 건 날달걀을 세워야 한다는 ○○○○ 때문이에요'

4 가장 중요하고 중심이 되는 사실. '마틴 루터 킹은 연설을 할 때 ○○을 정확히 전달했어요', '핵심과 비슷한 말이에요', '○○을 간추려 봐!'

5 여행 중에 보고 듣고 느낀 바를 쓴 글.

6 문학이나 예술을 부문별로 나눈 형식. '이 영화의 ○○는 공포야', '이 책의 ○○는 추리야'

7 안네가 은신처에 숨은 이유는 독일이 일으킨 제2차 ○○○○ 때문이에요.

8 글이 생기기 전, 입에서 입으로 전해지며 자신의 감정을 표현한 문학.

9 '방을 가득 채울 물건'에서 첫째가 사온 물건. 불을 때는 데 쓰는 재료를 말해요.

10 어떠한 결론이나 결과에 이른 까닭. 글감을 찾을 때 나만의 느낌이 생겨 난 ○○를 생각해 보면 좋아요. '지각을 한 ○○가 뭐지?'

11 몸의 감각이나 마음으로 느끼는 감정. 글감을 찾을 땐 내가 경험한 일이 어떤 ○○인지 떠올리는 게 중요해요. '!'는 '○○표'라고 읽어요.

02 말하기·듣기에 필요한 어휘

관점

토의

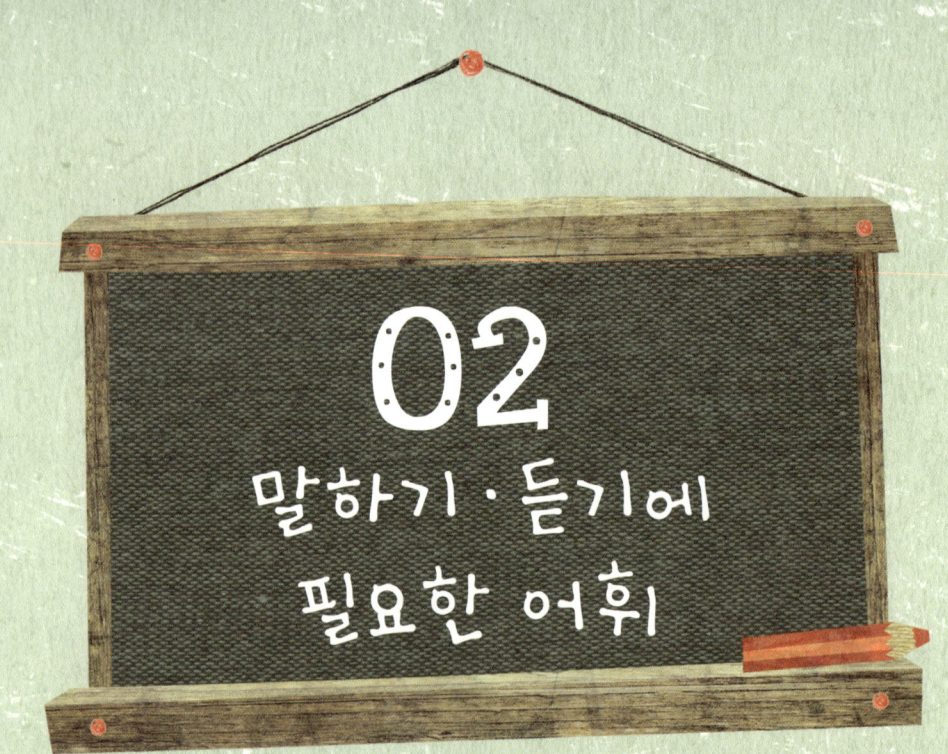

토의

어떤 문제에 대하여 검토하고 협의하는 것.

 **토끼전**

   먼 옛날 동해를 지키는 용왕이 큰 병이 들었어요. 용궁의 신하들은 용왕의 병을 고치기 위해 온갖 좋다는 약을 모두 구해다 바쳤죠. 하지만 동해 용왕의 병은 낫지 않았어요. 오히려 점점 심해져 갔죠.
   그러던 어느 날, 용왕의 병환 소식을 듣고 용한 도사가 용궁을 찾아왔어요. 용왕을 진찰한 도사는 토끼의 간을 먹으면 용왕의 병이 나을 거라고 이야기해 주었어요. 도사의 말을 들은 신하들은 누가 육지로 가서 토끼를 잡아 올 것인지에 대해 토의를 시작했어요.
   용궁의 신하들 중 대부분은 물고기여서 뭍으로 나가면 숨을 쉴 수가 없었어요. 용감하기로 소문난 상어 장군이나 가오리 장군은 지느러미를 팔딱거리며 아쉬워했어요.

그러자 이번에는 꽃게 장군이 커다란 집게발을 들며 자신이 가겠다고 나섰어요. 자신은 육지에서도 숨을 쉴 수 있다면서요. 하지만 꽃게 장군은 옆으로밖에 걸을 수 없기 때문에 빠른 토끼를 잡기 힘들다는 의견이 많았어요. 꽃게 장군은 화가 나 게거품을 물며 항의했지만 결정을 뒤집을 수는 없었어요.

오랜 토의 끝에 수천 년 묵은 문어와 역시 수천 년 묵은 자라가 최종 후보에 올랐어요. 문어는 여덟 개의 팔로 토끼를 꽉 잡을 수 있다는 의견이 많았고, 자라는 목과 팔다리를 감추면 마치 솥뚜껑 같아 토끼를 쉽게 유인할 수 있을 거라는 의견이 많았어요.

그때 자라가 긴 목을 더욱 쭉 빼고 진지하게 말했어요.

"용왕님의 병을 낫게 하기 위해서 꼭 토끼를 잡아오겠습니다. 만약 토끼를 잡아오지 못한다면 대신 제 목을 내놓겠습니다."

자라의 말에 용왕을 비롯한 신하들은 모두 감동했어요. 자라의 진실한 마음을 느꼈기 때문이었죠. 그래서 용왕은 자라에게 토끼의 간을 가져오는 임무를 맡겼어요. 용왕은 토끼의 그림이 그려진 족자와 술 한 잔을 건네며 말했어요.

"네가 토끼의 간을 가져온다면 큰 벼슬과 상금을 내릴 것

이다!"

"걱정하지 마십시오, 용왕님."

자라는 용왕에게 큰 절을 올리고 바다를 헤엄쳐 육지로 올라갔어요.

자라는 숲속을 한참이나 돌아다니다 마침내 토끼를 찾았어요. 자라는 토끼에게 용왕님께서 큰 벼슬을 내릴 거라며 함께 용궁으로 가자고 꼬드겼어요. 그 말에 홀딱 넘어간 토끼는 자라의 등에 올라타 바닷속 용궁으로 향하지요.

토끼를 태운 자라는 기분이 좋아서 그만 육지로 온 진짜 이유를 이야기했어요. 그 말을 들은 토끼는 깜짝 놀랐죠. 간을 내주었다가는 죽을 게 뻔했으니까요.

하지만 토끼는 당황하지 않고 꾀를 내었어요. 자신의 간을 노리는 사람이 많아서 늘 숲속에 숨겨 놓는다고 말이에요. 자라는 그 말에 깜빡 속아 넘어갔어요. 그러고는 토끼를 태우고 다시 육지로 돌아갔지요. 토끼는 육지에 도착하자마자 도망쳤어요. 자라는 그제야 속았음을 깨닫고 눈물을 흘렸어요.

"토끼가 도망쳤으니 이제 용왕님은 병 때문에 돌아가시겠구나. 이를 어쩌나?"

다행히 자라를 불쌍히 여긴 신선이 나타나 용왕의 병을 낫게 할 명약을 주고 사라졌어요. 그 약을 먹은 용왕은 다시 건강을 찾았고, 자라는 큰 상을 받았답니다.

〈토끼전〉에서는 어떤 문제를 두고 토의가 벌어졌나요?

〈토끼전〉에서는 용왕의 병을 낫게 하기 위해 토끼의 간을 구해 올 신하로 누가 가장 좋을지 토의를 벌였어요. 이 문제에 대한 답으로 자라가 뽑혔고요. 만약 토의가 잘 안 되어서 꽃게나 문어가 육지로 갔더라면 용왕의 병은 낫지 못했을지도 모르지요. 토끼를 놓친 후 용왕을 진심으로 걱정한 자라의 마음이 아니었다면 신선님이 나타나 약을 주실 리가 없었을 테니까요.

어휘 돋보기

 고양이 목에 방울을 달기 위한 토의

쥐들은 언제나 소리 없이 나타나 자신들을 괴롭히는 고양이 때문에 공포에 떨며 살아야 했어요. 하지만 쥐들은 고양이를 어떻게 해야 할지 방법을 찾지 못했어요. 그때 어떤 쥐가 말했어요.

"사람들은 공통된 문제가 있을 때 모여서 토의를 해. 우리도 토의를 해 보자!"

그 말에 쥐들이 모두 모였어요. 쥐들은 토의 주제를 뭘로 정할 건지에 대한 의견을 제시했어요. 어떤 쥐는 '고양이를 없애는 법'을 주제로 하자고 했지만, 그건 아무리 생각해도 현실성이 없었어요. 쥐들이 실천할 수 있는 걸 주제로 정해야 했거든요. 그래서 '어떻게 하면 고양이가 오는 걸 미리 알 수 있을까?'를 토의의 주제로 정했어요.

그 다음으로 쥐들은 토의의 형태를 정하기로 했어요. 소수의 인원이 모여 나이나 위치에 상관없이 평등하게 이야기하는 원탁 토의를 할까 했지만 그러기에는 쥐들의 수가 너무 많았어요. 똑똑한 쥐들만 모아 배심 토의를 할까 했지만 그 선발 기준이 모호했어요. 그래서 결국 모두 자유롭게 이야기하는 난상 토의의 형태로 진행하기로 했어요. 하지만 정말 좋다고 생각되는 의견은 나오지 않았어요.

그때 조그만 생쥐가 좋은 생각이 났다며 이야기했어요.

"고양이 목에 방울을 달아요. 그럼 고양이가 움직일 때마다 방울이 울릴 테니까, 그 소리를 듣고 미리 피하면 되잖아요."

쥐들은 모두 좋은 생각이라며 기뻐했어요. 그런데 구석에 앉아 그 말을 가만히 듣고 있던 늙은 쥐가 반대 의견을 제시했어요.

"그런데 누가 고양이 목에 방울을 달 텐가?"

그 말에 정적이 흘렀어요. 모두들 겁이 났던 것이죠.

결국 쥐들은 아무 소득 없이 집으로 돌아갔어요. 물론 계속해서 고양이에게 당하며 살 수밖에 없었지요. 쥐들이 토의를 멈추지 않았다면 어땠을까요? 어쩌면 쥐들은 고양이 목에 방울을 달 방법을 찾았을지도 모를 일이에요.

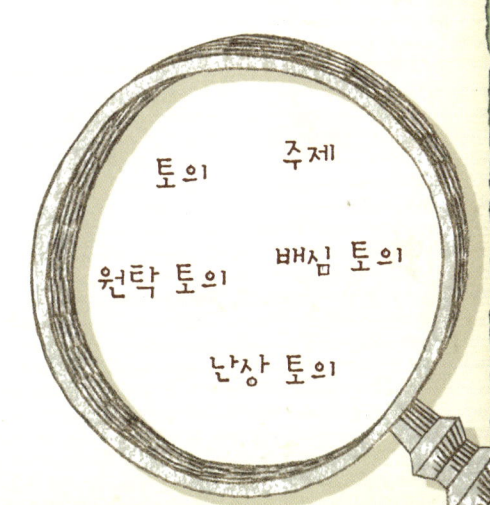

 **내 인생의 첫 토의**

토의 참가자
사회자   청중
토의 규칙

○월 ○○일 날씨: 맑음

오늘도 엄마는 나보고 쓰레기를 버리고 오라고 했다. 이번 주만 벌써 세 번째다. 왜 엄마는 나한테만 쓰레기를 버리고 오라고 하는 걸까? 동생한테는 한 번도 시킨 적이 없는데 말이다.

내 입이 툭 튀어나온 걸 보고 아빠가 무슨 일인지 물어보셨다. 그래서 나는 사실대로 이야기했다. 정말 진지하게 말이다. 그런데 아빠는 내 이야기를 듣더니 막 웃으셨다. 그러고는 가족 토의를 하자고 하셨다.

엄마와 나는 토의 참가자로서 쓰레기 버리는 일을 어떻게 분담하면 좋을지 서로 말하면 된다고 했다. 그리고 아빠는 사회자를 했다. 토의가 잘 진행될 수 있도록 진행하는 역할이라고 했다. 내가 아빠는 누구 편이냐고 물어봤더니, 사회자는 누구 편도 아니라고 했다. 하지만 나는 분명히 봤다. 엄마가 아빠한테 눈짓을 하는 걸. 아무것도 안 하는 내 동생은 청중이었다. 아빠는 동생에게 토의를 듣고, 누구 말이 맞는지 생각해 보고, 궁금한 게 있으면 손을 들고 물어보라고 했다.

토의가 시작되기 전 아빠는 토의 규칙에 대해 말해 주었다. 아무 말도 하지 않으면 안 되고, 적극적으로 이야기를 해야 하고, 다른 사람이 이야기할 때 끼어들거나 주제와 다른 말을 하는 것도 안 된다고 했다.

엄마와 나는 열심히 토의했다. 그래서 쓰레기를 버리는 일은 가족끼리 돌아가면서 하고, 나는 일주일에 한 번만 하기로 했다. 그 대신 나는 내 방을 깨끗이 청소하기로 했다. 아무래도 손해 본 느낌이다. 다 엄마가 아빠한테 눈짓을 해서다.

그래도 처음으로 가족 토의를 하니 기분이 좋았다. 내 말을 엄마 아빠가 진지하게 들어 주는 것 같아서다. 다음에는 동생이랑 토의를 해야겠다. 내가 하는 일 다 떠넘겨야지.

 집에서 토의도 하고 참 재미있었겠구나. 그런데 네 동생은 아직 유치원생 아니니?

 '토의와 토론' 같을까, 다를까?

토의? 토론? 두 낱말은 같은 뜻일까요, 다른 뜻일까요?

토의와 토론은 어떤 문제를 해결하기 위해 여러 사람이 모여 이야기를 나눈다는 점에서는 같아요. 그래서 둘 다 사회자와 참가자, 청중이 필요하죠. 하지만 이야기를 나누는 방식은 다르답니다.

눈앞에 닥친 공통된 문제를 두고 우리는 토의를 하죠. 〈토끼전〉의 토의 장면을 살펴보면 신하들은 모두 '용왕님의 병을 낫게 하기 위해서 토끼의 간을 가져와야 한다'라고 생각했어요. 고양이에게 괴롭힘을 당하는 쥐들은 모두 '어떻게 하면 고양이가 오는 걸 미리 알 수 있을까'를 고민했지요. 이렇게 같은 생각을 하는 이들끼리 모여 어떻게 하면 더 좋은 해결 방안을 낼 수 있을까, 서로 협력해서 이야기를 나누는 게 토의예요.

하지만 토론은 하나의 주제에 대해 찬성과 반대가 확실히 나누어져요. 예를 들어 학교에 다녀와서 노는 시간을 더 많이 가지고 싶다는 학생들과 노는 시간을 줄이고 공부를 더 해야 한다는 부모들이 토론을 벌여요. 토론의 주제는 '노는 시간을 늘려야 할까'가 되겠지요. 여러분들은 찬성편에 설 것이고, 부모님들은 반대편에 설 거예요. 이때 중요한 점은 서로 편을 갈라 싸우는 게 아니라는 점이에요. 토론은 상대방의 주장을 논리적으로 반박하며 뚜렷한 이유를 바탕으로 자신이 옳다고 상대방을 설득하는 거예요. 그래서 토론을 할 때는 절대 감정적으로 이야기를 해서는 안 돼요.

토의와 토론은 모두 민주주의 사회에 꼭 필요한 대화법이에요. 토의와 토론은 다른 사람들과 이야기를 나누며 가장 좋은 방법을 찾는 일이거든요.

쟁점

서로 다투는 중심이 되는 이유.

황금 사과와 세 여신

　옛날 옛적 그리스에서 일어난 일이에요. 당시 그리스 미르미돈의 왕 펠레우스는 바다의 요정 테티스를 신부로 맞이했어요. 펠레우스는 결혼 잔치를 위해 많은 손님을 초대했어요. 올림포스 산에 사는 신들도 모두 초대되었죠. 하지만 단 한 명 초대받지 못한 손님이 있었어요. 바로 불화의 여신 에리스였어요. 에리스가 가는 곳에는 늘 싸움이 벌어졌기 때문에 펠레우스는 그녀를 초대하지 않았던 거예요. 잔치에 초대받지 못한 에리스는 화가 잔뜩 났어요. 그래서 큰 불화를 일으키기로 마음먹었어요.

　에리스는 몰래 연회장에 찾아갔어요. 그러고는 황금 사과 하나를 집어던졌죠. 사람들은 갑자기 떨어진 황금 사과를 보고 깜짝 놀랐어요. 황금 사과에는 글귀가 하나 써 있었어요.

이 황금 사과는 가장 아름다운 여인의 것

그 글귀를 보고 헤라와 아테나, 아프로디테가 그 사과가 자신의 것이라고 주장하기 시작했어요.
"나 헤라는 신들의 신 제우스의 부인이자 최고의 여신이다. 그러니 이 사과는 당연히 나의 것이다."
"저 아테나는 지혜의 여신입니다. 지혜야말로 그 어떤 것보다 아름다운 것이죠. 그러니 이 사과는 저의 것입니다."
"여러분, 저 아프로디테가 아름다움의 여신인 것을 잊으셨나요? 저 말고 누가 이 사과의 주인이겠어요."
시간이 흐를수록 세 여신의 싸움은 심해져만 갔어요. 세 여신은

잔치에 모인 손님들에게 물어보기로 했어요. 하지만 손님들은 섣불리 한 여신의 편을 들었다가 나머지 두 여신의 원망을 살까 봐 겁이 났어요.

그래서 세 여신은 싸움의 쟁점인 황금 사과를 들고 멀리 떨어진 섬나라 트로이로 날아갔어요. 그곳에서 양을 치던 파리스라는 청년을 만나게 되지요. 그는 사실 트로이의 막내 왕자였어요. 하지만 '이 아이가 자라서 트로이를 멸망시킬 것'이라는 예언 때문에 태어나자마자 왕에게 버림을 받았던 몸이었어요. 그래서 자신의 정체를 알지 못한 채 목동 일을 하고 있었던 거예요.

세 여신은 서로 자신의 정체를 숨기고 파리스 앞에 나타났어요. 그리고 그에게 황금 사과의 주인을 정하게 했죠. 헤라는 자신을 황금 사과의 주인이 되게 해 준다면 엄청난 재물과 권력을 줄 것을 약속했어요. 아테나는 세상의 모든 지혜를 주겠다고 했죠. 마지막으로 아프로디테는 자신만큼 아름다운 여인과 결혼할 수 있게 해 주겠다고 약속했어요. 파리스는 권력과 지혜보다는 아름다움을 택했어요. 그래서 아프로디테에게 황금 사과를 내밀었죠.

결국 황금 사과는 아프로디테의 것이 되었고, 그녀는 약속을 지키기 위해 스파르타 왕비 헬레나를 트로이로 납치해 와서 파리스와 결혼시켰어요. 그 결과 그리스 연합과 트로이는 10년 동안 전쟁을 벌였어요. 이것이 그 유명한 '트로이 전쟁'이랍니다.

여신들이 싸우게 된 쟁점은 무엇인가요?

다툼의 중심이 되는 이유를 '쟁점'이라고 해요. 이 이야기에서 고귀한 세 여신이 싸우게 된 쟁점은 황금 사과 한 알 때문이었어요. 조금 더 정확하게 이야기하자면 '이 황금 사과는 가장 아름다운 여인의 것'이라는 글귀 때문이었죠. 그리스의 신들은 능력은 뛰어나지만 인간과 비슷한 감정을 가지고 있었어요. 그래서 가장 아름다운 여인으로 인정받고 싶은 세 여신은 황금 사과를 절대 포기할 수 없었지요.

어휘 돋보기

 독도를 둘러싼 여러 쟁점들

한국과 일본은 독도의 소유권을 놓고 오랫동안 대립하고 있어요. 독도를 둘러싼 여러 쟁점 중 가장 중요한 것은 과연 독도의 소유권을 누가 먼저 주장하였는가 하는 문제예요.

일본은 1905년 2월, 독도를 일본의 영토로 편입하겠다고 발표해요. 그러면서 이런 주장을 했죠. "당시 독도가 주인 없는 섬이었기 때문에 일본의 영토로 편입한 것이다. 만약 독도가 대한제국의 땅이었다면 항의를 했을 것 아닌가? 하지만 아무 말도 없었기 때문에 독도는 일본의 영토가 된 것이다."

하지만 이는 사실과 달라요. 당시 대한제국은 정치, 군사, 외교의 모든 국정이 일본의 손아귀에 넘어가 있는 상태였어요. 그랬기 때문에 일본의 파렴치한 행위에도 아무 말도 하지 못하는 상황이었죠. 일본은 당시의 역사적 상황을 고려하지 않고 자신들의 입장만 이야기하고 있는 거예요. 그럼 우리나라의 입장은 어떨까요?

먼 옛날, 신라 장군 이사부는 왕의 명령을 받아 섬나라 우산국을 점령했어요. 이 우산국이 바로 지금의 울릉도와 독도예요. 그때부터 우리 선조들은 독도를 우리나라의 영토로 인식하고 있었어요. 조선 세종대왕 때 편찬된 〈세종실록 지리지〉를 봐도 독도가 정확히 나와요. 그리고 조선 시대의 어부인 안용복이라는 사람은 울릉도와 독도를 마음대로 드나들던 일본인들 때문에 화가 나 직접 일본 땅에까지 찾아가, 일본의 관리들에게 울릉도와 독도가 조선의 땅이 확실하다는 사실을 주장하고 확답까지 받아온 적이 있었죠. 이처럼 독도는 대한민국의 영토라는 확실한 근거가 있어요.

어떤 문제를 해결할 때 감정적으로 대응하기보다는 어떤 점이 문제의 쟁점이 되는지를 파악하고, 그 쟁점을 해결하려고 해야 해요. 확실한 근거가 있어야 거짓 주장에 반박할 수 있답니다.

대립

쟁점

근거

어떤 일에 대한 의논이나 의견을 나눌 때
그 근본이 되는 까닭.

 셜록 홈스

안녕하십니까? 나는 왓슨 박사라고 합니다. 유명한 괴짜 탐정 셜록 홈스의 유일한 친구이자 조수죠. 지금까지 서점에 나온 셜록 홈스의 사건을 다룬 책은 모두 제가 옆에서 직접 홈스의 활약상을 보고 듣고 쓴 실제 이야기랍니다. 그럼에도 어떤 사람은 절 만날 때마다 가끔 물어보곤 하죠.

"홈스 탐정은 혹시 초능력자가 아닌가요? 아니면 외계인? 어떻게 사건 현장을 보자마자 첫눈에 모든 걸 꿰뚫어 볼 수가 있죠?"

이런 오해를 하시는 분들에게 늘 제가 하는 이야기가 있습니다. 바로 셜록 홈스와 제가 처음 만났을 때의 일입니다.

저는 1878년 런던대학에서 의학 박사 학위를 받은 후 군의관이 되었답니다. 전쟁터에서 군인들을 치료하는 의사 말이죠. 하지만 불행히도 아프가니스탄 전쟁 중 적의 총탄에 맞아 더는 군의관 생활을 하기 어렵게 되었답니다. 저는 런던으로 돌아와 쉬었어요. 그렇게 아무 일도 하지 않다 보니 모아놓은 돈도 점점 떨어졌죠. 그래서 저는 싼 방을 구하려고 돌아다녔답니다.

그때 의사인 친구의 소개로 홈스와 처음 만났어요. 마침 홈스도 싼 값에 방을 구하려던 참이었거든요. 그래서 제가 홈스에게 돈을 모아 방을 함께 쓰면 어떻겠느냐고 제안했습니다. 그 말에 홈스는 흔쾌히 저의 제안을 받아들였습니다. 그런데 이때 재미있는 점이 하나 있었어요. 홈스는 저를 보자마자 제가 아프가니스탄에 갔다 왔다는 사실을 알아차린 것이었어요. 제가 입도 벙긋하지 않았는데 말이죠.

하지만 저는 홈스와 함께 살기 시작한 후로 그 사실을 까먹고 있었습니다. 그런데 홈스와 지낸 지 얼마 되지 않아서 우리 사이에 논쟁이 벌어졌습니다. 바로 홈스가 잡지에 쓴 기사 때문이었습니다. 그는 그 기사에서 '사람의 사소한 몸짓 하나만으로도 그 사람의 모든 것을 알 수 있다'고 말했죠. 저는 당연

히 말도 안 된다고 했습니다. 그러자 홈스가 말했어요.

"내가 자네를 처음 만났을 때 자네가 아프가니스탄에서 왔다고 하자 자네는 놀랐지. 내가 어떻게 알았을까? 난 생각했네. 자네를 소개해 준 사람이 의사고, 자네를 박사라고 했으니 자네는 의학 박사겠지. 그런데 짧은 머리는 군인의 느낌이었어. 그럼 당연히 군의관 아니겠나. 또 자네의 얼굴과 손은 검게 탔지만 옷 속의 손목은 하얗더군. 그럼 열대 지방에서 온 것일 테고. 얼굴이 초췌하고 왼팔의 움직임이 부자연스러운 걸로 봐서 부상을 입은 걸 알게 되었지. 그렇다면 지금 우리 대영제국의 군대가 열대 지방에서 싸우고 있는 곳이 어디인가? 아프가니스탄밖에 없지 않은가? 그래서 나는 자네에게 그 말을 했던 걸세."

홈스의 말은 억지가 하나도 없었어요. 모두 근거가 있는 말이었죠. 하지만 정말 놀라운 건 홈스가 그런 추리를 한 시간이 불과 1초 정도밖에 되지 않았다는 겁니다. 정말 놀라운 두뇌 회전이죠.

그제야 홈스는 자신이 경찰도 해결하지 못하는 범죄를 머리를 써서 푸는 탐정이라는 사실을 밝혔습니다. 그때부터 저는 홈스와 함께 다니며 그의 추리를 보는 걸 낙으로 삼고 있답니다.

홈스는 무엇을 근거로 왓슨 박사가 아프가니스탄에서 왔다고 했나요?

왓슨 박사가 군의관임을 맞춘 근거는 '의사라는 직업'과 '군인처럼 짧은 머리'예요. 또 그가 열대 지방에서 근무했다는 근거는 '까맣게 탄 얼굴과 하얀 손목'이었죠. 홈스는 또 '왓슨의 초췌한 얼굴과 부자연스러운 움직임'을 보고 그가 전쟁에서 부상을 당했음을 알아 차렸어요. 이 모든 걸 조합해 보면 왓슨은 '열대 지방에 전쟁을 나갔다가 부상당해 돌아온 영국군 군의관'인데, 당시 영국군이 열대 지방에서 전쟁을 하는 곳은 아프가니스탄밖에 없었어요. 그러니 왓슨이 아프가니스탄에서 온 것을 맞힐 수 있었던 것이지요.

어휘 돋보기

 셜록 홈스가 들려 주는 추리법

나는 셜록 홈스야. 나를 볼 때마다 사람들은 놀라곤 하지. 심지어 내 친구이자 동료인 왓슨도 처음엔 그랬어. 하지만 난 다른 사람이 오히려 눈뜬 장님 같은걸. 지금부터 내 추리법을 잘 들어 보라고. 누구나 명탐정이 될 수 있으니까.

지난번에는 내가 하도 심심해하고 있으니 왓슨이 자신의 시계를 보여 주더군. 그러면서 그 시계의 원래 주인이 누구인지 알아맞혀 보라는 거야. 나는 신이 나서 시계를 본 후 왓슨에게 내가 생각한 답을 말했어. 왓슨은 내 말이 모두 맞자 처음에는 내가 자신의 뒷조사를 한 줄 알고 화를 냈지. 하지만 내가 그렇게 말한 이유는 간단해.

관찰	근거	가설
시계는 50년 전에 만들어졌고, 뒷면에 W가 새겨져 있다.	W는 왓슨의 머리글자이고, 50년 전 것이기 때문에 왓슨의 아버지 것이다. 그리고 이런 귀한 물건은 장남에게 물려주는 게 관습이다.	시계의 주인은 왓슨의 형이다.
아무렇게나 굴린 듯 시계에는 작은 상처가 나 있다.	왓슨의 형은 시계를 잘 보관하는 걸 귀찮아했다.	왓슨의 형은 게으름뱅이다.
전당포에 맡긴 표시가 네 번이나 나 있다. 태엽을 잘못 감은 상처 역시 많이 나 있다.	전당포에 시계를 네 번이나 맡겼다는 건 왓슨의 형이 돈이 없었다는 걸 뜻한다. 태엽을 감는 건 주로 저녁인데, 그때 태엽을 잘못 감았다면 술에 취했을 가능성이 높다.	왓슨의 형은 가난뱅이였고, 또한 주정뱅이였다.

나는 누구나 볼 수 있는 사실을 꼼꼼히 관찰했어. 그리고 그 근거를 토대로 가설을 세웠어. 내 근거가 탄탄하기 때문에 가설은 거의 맞아떨어지지. 이렇게 '관찰-근거-가설'의 삼단계를 통해 내 추리는 완성되는 거야.

회의

여럿이 모여 의논함, 또는 그런 모임.

 금수회의록

먼 옛날 하느님이 천지만물을 창조하실 때 자신과 닮게 만든 것이 바로 사람이에요. 하느님이 얼마나 사람을 아꼈는지 알 수 있죠. 그래서 사람을 만물의 영장, 즉 우두머리라고도 하잖아요. 하지만 지금 사람은 그런 하느님의 뜻을 잊은지 오래예요. 온갖 나쁜 짓은 다 저지르고 다니죠. 그러면서도 여전히 자신들이 만물의 영장이라며 다른 동물을 무시해요.

그런 사람의 악행을 견디다 못한 모든 뭍짐승과 모든 날짐승이 한 장소에 모여 회의를 열었어요. 회의의 주제는 '사람에게 만물의 영장 자격이 있는가?' 하는 것이었죠.

수많은 동물이 회의장에 모이자 회의가 시작되었어요. 오색찬란한 옷을 입어서 얼굴이 잘 보이지 않는 회장이 방망이를 두드려 회의의 시작을 알렸죠.

"여기 모인 분들은 모두 아시겠지만 사람은 만물 중 가장 귀한 존재로 세상에 태어났습니다. 그럼에도 동물보다 못한 짓을 저지르고 있습니다. 게다가 우리를 동물이란 이유만으로 무시하고 비웃습니다. 오늘 회의를 통해 동물과 사람의 차이를 분명히 하고, 만약 앞으로도 사람이 계속 악한 짓을 저지른다면 내 직접 하느님께 이야기를 올려 사람에게 벌을 내리도록 하겠습니다. 자, 이야기하고 싶은 분들은 모두 이야기해 보십시오."

회장의 말이 끝나기가 무섭게 여러 동물이 차례로 연단에 올라섰어요.

"나는 까마귀입니다. 그들은 우리가 울면 나쁜 일이 생긴다고 우리를 흉조라고 말합니다. 하지만 나쁜 짓은 사람들이 저질러 놓고, 우리가 우는 걸 핑계 삼는 것뿐입니다. 그런데 그 책임을 왜 우리 까마귀에게 떠넘기나요?"

"나는 여우입니다. 사람들은 나를 간사함의 상징으로 여기죠. 하지만 이 세상에 사람만큼 간사한 존재가 또 어디 있단 말입니까? 차라리 우리 여우를 사람이라 부르고 그들을 여우라 부르는 게 나을 겁니다."

"나는 개구리요. 흔히 사람들은 우리를 '우물 안 개구리'라고 하며 세상 물정을 모르는 무식한 존재라고 합니다. 그래요, 우리는 무식합니다. 하지만 우리는 스스로 무식한 걸 알고 분수를 지키려 해요. 하지만 그들은 자신들이 무식한 걸 인정하지 않고 분수를 지키지 않으니 이게 더 큰 문제 아닙니까?"

"나는 벌입니다. 사람들은 벌을 가리켜 '입으로는 달콤한 꿀을 마시면서 배에는 날카로운 침을 감추었다'며 이중적인 존재라고 하죠. 하지만 우리는 살기 위해 꿀을 마시고 우리를 지키기 위해 침을 숨깁니다. 입으로는 남에게 좋은 말을 하며 가슴속에는 그 사람을 해치려고 칼을 가는 건, 바로 사람입니다!"

그 후로도 많은 동물이 지금까지 사람에게 당했던 억울한 일들을 이야기하기 위해 연단에 나섰어요. 그러다 보니 시간이 훌쩍 지나 어느새 해가 질 시간이 다 되어 갔어요. 그러자 회장이 일어났어요.

"여러분의 말이 모두 맞습니다. 사람은 실로 세상에서 가장 악한 존재가 맞는 것 같군요. 이제 시간이 늦었습니다. 오늘은 여기서 헤어지고, 사람이 계속해서 악한 짓을 한다면 그때 다시 모이도록 하겠습니다."

회장이 방망이를 두드리자 회의가 끝났어요. 동물들은 다음 회의를 기약하며 집으로 돌아갔습니다.

동물들은 왜 회의를 열었나요?

동물들은 사람이 동물보다 못한 짓을 저지르면서도 자신들을 무시하고 비웃는다며 회의를 열었어요. 그들은 회의를 통해 동물과 사람의 차이를 분명히 했고, 앞으로도 사람이 계속 악한 짓을 저지른다면 직접 하느님께 이야기를 올려 사람에게 벌을 내리도록 하겠다고 했습니다.

어휘 돋보기

 회의가 이루어지는 방법

'인간은 사회적 동물'이라는 말을 들어 본 적이 있나요? 인간은 혼자 살 수 없고 다른 사람들과 관계를 맺으며 살아가야 한다는 뜻이에요. 그 사회는 작게 보면 한 반에 모인 친구들일 수도 있고, 크게 보면 우리나라 전체일 수도 있지요. 하지만 사람들은 모두 다른 생각을 가지고 살아가기 때문에 함께 지내다 보면 작든 크든 의견 충돌이 생길 수밖에 없어요. 의견 충돌을 해소하고 올바른 방향으로 문제를 해결하기 위해 모든 사회에서는 구성원들을 위한 회의를 열어요. 우리나라는 국민의 대표자인 국회의원들이 모여 국회에서 회의를 하죠. 그리고 회사에서는 직원들이 모여 사내 회의를 열어요. 여러분이 속한 학급에서는 학급 회의를 열고요. 토의의 가장 대표적인 형태인 회의는 사회 발전에 꼭 필요하지요.

학급 회의부터 국가 회의까지 모든 회의는 비슷한 과정으로 진행돼요. 회의가 열리기 전 의제(회의에서 해결해야 하는 문제)를 정하지요. 의제가 선정이 되면 회의 공고를 통해 회의가 열리는 시간과 장소, 주제 등을 참가자들에게 알려요.

회장의 개회 선언과 함께 회의가 시작되고 참가자들은 국기에 대한 경례와 애국가를 제창해요. 이런 행동은 회의가 공식적으로 시작되었음을 알리는 절차예요.

다음으로는 미리 정해진 의제에 대해 토의하는 시간을 가져요. 토의 중에 다른 사람이 말한 의견이 마음에 들면 그 의견에 찬성한다는 표시로 '재청'을 외쳐요. 그렇게 나온 의견 중 가장 많이 나온 의견을 표결로 선택해요. 그렇게 하나의 문제가 해결되면 회장이 회의가 끝났음을 알리는 폐회를 선언해요.

하지만 아직 끝난 게 아니에요. 회의가 잘 진행되었는지 평가와 반성의 시간을 가져야 해요. 그래야 다음에 더 나은 회의를 할 수 있어요.

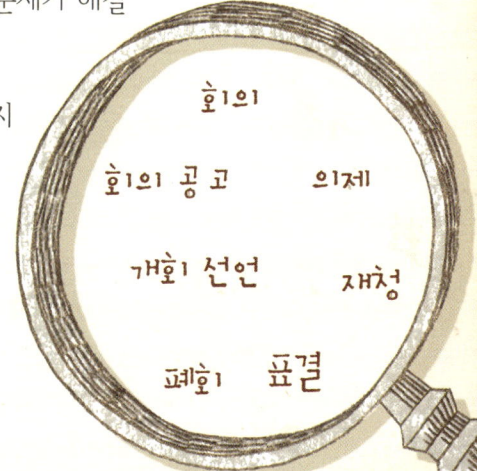

관점

어떤 물건이나 현상을 관찰할 때
그 사람이 보고 생각하는 태도나 방향.

 **오성과 한음의 감나무 이야기**

옛날 조선 시대에 오성과 한음이라는 친구가 살았답니다. 장난끼가 많은 오성과 한음은 종종 사람들을 곤란에 빠뜨렸어요. 물론 열심히 공부하며 훌륭한 사람이 되겠다는 꿈도 함께 키워 나갔지요.

오성의 집에는 커다란 감나무 한 그루가 있었어요. 그 감나무는 매우 커서 옆집까지 가지를 뻗었어요. 어느 가을날, 한음이 오성의 집에 놀러 왔을 때 감나무에 감이 주렁주렁 열린 걸 보았어요. 한음은 감이 먹고 싶어 침을 꿀꺽 삼켰어요. 친구의 마음을 눈치 챈 오성이 씩 웃었지요.

"그렇지 않아도 옆집으로 넘어간 가지에 달린 감을 따려고 널 부른 거야.

우리 감을 따서 실컷 먹자!"

오성과 한음은 옆집으로 향했어요. 그곳은 권철 대감의 집이었어요. 그는 임진왜란 때 행주대첩을 승리로 이끈 권율 장군의 아버지였어요.

오성이 문을 두드리자 권 대감 집의 하인이 나왔어요. 하인은 자기 집에서 뻗어 나간 감나무의 감을 따겠다는 오성의 말에 고개를 절레절레 흔들었어요.

"그게 어찌 도련님의 감이란 말입니까. 우리 집 관점에서 보면 우리 담을 넘어온 감이니 우리 것이지요."

"그런 억지가 어디 있나. 비록 가지는 넘어갔지만 감나무는 우리가 심고 기른 것이네."

오성은 어이없었지만 하인은 감을 줄 수 없다고 버텼어요.

'감을 따면 절반은 이 집에 주려고 했는데, 이렇게 나를 골탕 먹이다니.'

오성과 한음은 하인을 혼내 주기 위해 머리를 맞대고 고민했어요.

잠시 후 오성과 한음은 권 대감 집으로 향했어요. 권 대감을 만나기 위해서였죠. 마침 권 대감은 방에 앉아

책을 읽고 있었어요.

　오성이 문 앞에서 주먹을 내지르자 오성의 주먹이 창호지를 뚫고 권 대감의 방 안으로 쑥 들어갔어요. 권 대감은 깜짝 놀라 소리쳤어요.

　"이게 무슨 짓이냐! 누가 이런 못된 짓을 한단 말이냐!"

　"권 대감님, 용서하십시오. 저는 옆집에 사는 오성이라 하옵니다."

　권 대감 역시 오성을 잘 알고 있었어요. 장난을 잘 치긴 하지만 버릇없는 아이가 아니라는 걸 알고 있었죠. 오성은 조용히 말을 이어갔어요.

　"대감님, 방 안에 들어간 주먹이 누구의 주먹입니까?"

　"그게 무슨 말이냐? 당연히 네 주먹이지 않느냐."

　"지금 주먹이 대감님의 방에 있으니 대감님의 주먹이 아닙니까?"

　"주먹이야 방에 있지만 그 주먹은 너의 몸에 붙어 있질 않느냐."

　권 대감의 말에 오성은 주먹을 빼고 방으로 들어갔어요. 그리고 자신의 행동에 대해 용서를 빌고, 감나무를 두고 벌어진 사건을 이야기했어요. 그제야 권 대감은 자기 하인들의 잘못을 알게 되었어요. 권 대감은 즉시 하인을 불러 크게 혼을 냈어요. 하인은 오성에게 용서를 빌었고 직접 감나무의 감을 따 주었습니다.

　그렇게 오성과 한음은 감을 실컷 먹을 수 있게 되었답니다.

 하인은 어떤 관점으로 감나무를 자기 집의 것이라고 했나요?

　하인은 감나무가 자기가 모시는 권 대감의 집으로 넘어왔으니 그 감은 권 대감네 것이라고 우겼어요. 그러자 오성은 권 대감의 방 안으로 주먹을 뻗고 이 주먹이 누구의 것인지를 권 대감에게 물었지요. 이처럼 어떤 물건이나 사건을 볼 때 자기가 생각하는 태도나 방향을 '관점'이라고 해요. 하나의 사건을 볼 때 사람들의 관점은 서로 다른데, 그건 모든 사람들의 생각이 다르기 때문에 생기는 일이에요. 그럴 때일수록 서로의 관점이 옳다고 우기지만 말고, 다른 사람의 관점을 인정하고 받아들이는 마음이 필요하답니다.

어휘 돋보기

 모두가 다른 관점을 가지고 있어요

　황희 정승은 세종대왕을 도와 조선 초기 황금 시대를 연 훌륭한 관리예요. 특히 사람들의 의견을 무시하지 않고 공평하게 대했다고 해요. 이를 잘 알려 주는 일화가 있어요.

　어느 날 황희 정승의 집에서 몸종으로 있던 갑돌이와 을돌이가 서로 다퉜어요. 갑돌이는 화가 나 황희 정승에게 달려갔어요.

　"주인님, 제가 오늘 을돌이와 이러저러한 일이 있었는데 을돌이가 잘못한 게 맞죠?"

　그 말을 들은 황희 정승은 고개를 끄덕였어요.

　"네 말이 옳다."

　갑돌이는 신이 나서 을돌이에게 달려가 그 사실을 말했어요. 그러자 이번엔 을돌이가 황희 정승에게 달려가 갑돌이의 잘못을 이야기했어요. 그 말을 들은 황희 정승은 또다시 고개를 끄덕였어요.

　"네 말도 옳다."

　옆에서 그 모습을 보던 황희 정승의 부인이 입을 열었어요.

　"아니, 갑돌이도 옳고 을돌이도 옳으면 대체 어느 쪽이 틀렸단 건가요?"

　그러자 황희 정승은 또다시 고개를 끄덕였어요.

　"부인 말도 옳소이다."

　황희 정승이 누가 옳고 그른지 분간할 수 없어서 모두의 말이 맞다고 한 건 아니에요. 모든 일은 관점에 따라 옳고 그름이 달라지기 때문에 관점의 차이를 인정하는 관용의 정신을 베푼 것이지요.

　이렇게 모든 이야기는 말하는 사람의 입장에 따라 관점이 달라져요. 법정에서 잘잘못을 가릴 때 한 사람의 이야기만 듣지 않고, 사건에 관계된 사람들의 이야기를 모두 듣고 종합해서 객관적 사실을 판단하는 이유가 여기 있어요.

입장　관용　관점　객관적 사실

발표

어떤 사실이나 결과, 작품 등을 세상에 널리 드러내어 알리는 것.

 **발표의 달인 스티브 잡스**

2011년 10월 5일, 전 세계 사람들은 모두 슬픔에 빠졌어요. 애플사의 CEO였던 스티브 잡스의 사망 소식이 전해졌기 때문이에요. 그가 이끌던 애플사는 세계에서 가장 혁신적인 IT 제품을 만드는 회사 중 하나였어요. 그가 만든 여러 제품 덕에 사람들은 편리한 생활을 누릴 수 있었죠.

하지만 단지 그 이유만으로 사람들이 스티브 잡스를 좋아한 건 아니었어요. 자신이 하고 싶은 일을 위해 대학교를 자퇴하고 회사를 차리는 등 '괴짜'라고 불릴 정도로 독특한 삶을 살았지만, 그는 자신의 분야에서 최고의 경지에 올랐지요. 그런 그의 모습은 많은 사람에게 감동을 주었어요. 그래서 그를

'현대의 위인'이라고 부르는 사람도 있답니다.

  스티브 잡스에 대해서는 많은 평가가 따라다녀요. 첨단 기술만이 중요하다고 생각하던 IT 업계에 처음으로 사람들의 '감성'을 자극하는 제품을 만들어 내서 큰 성공을 거두었지요. 부하 직원들을 끊임없이 괴롭히면서도 최고의 제품을 만들려고 한 완벽주의자라는 이야기도 있어요. 하지만 그중에서도 꼭 빠지지 않는 평가가 있어요. 바로 '발표의 달인'이라는 평가예요.

  스티브 잡스의 발표에는 사람을 끌어들이는 마력이 있어요. 타고난 완벽주의자답게 단 한 번의 발표를 위해 엄청난 시간을 들여 준비하고 연습했기 때문이에요. 그래서 사람들은 그가 소개하는 새로운 제품과 함께 그의 발표 자체를 기다리기도 했어요. 그럼 그의 발표 비법에 대해 알아볼까요?

  스티브 잡스가 발표에서 가장 신경 쓰는 건 첫 시작이에요. 그에게 발표는

준비한 글을 읽어 주는 게 아니라, 발표자와 청중이 서로 소통하는 일이었거든요. 그래서 늘 얼굴에 미소를 띠고 바른 자세로 서서 청중들의 눈을 보며 이야기했어요.

또 발표를 자세히 하려고 하기보다는, 무슨 발표를 하려고 하는지 큰 그림을 보여 주려고 했어요. 중요한 건 정보가 아니라 어떤 의도로 발표를 하는지 청중에게 이해시키는 거라고 믿었거든요. 그래서 스티브 잡스는 발표를 할 때 3단계의 구조를 지켰어요. 먼저 개요로 큰 그림을 그려 준 후, 본론을 통해 자세한 이야기를 하고, 마지막에 요약을 해서 다시 한 번 기억하게 해 주는 거죠.

스티브 잡스 발표의 가장 중요한 점은 그가 발표 자체를 굉장히 즐겼다는 사실이에요. 발표자는 마치 자기가 연예인이 되어 콘서트를 하는 것처럼 즐겁게 발표를 해야 해요. 그래야 모두 즐거워지거든요.

스티브 잡스는 다양한 발표 비법들을 통해 신제품 발표 행사를 전 세계인이 열광하는 축제로 만들어 냈답니다.

스티브 잡스처럼 발표해 봐요!

청중과 소통하는 이야기 방식 중 가장 쉽게 할 수 있는 것이 바로 발표예요. 요즘은 많이 아는 것보다 자신이 아는 걸 남에게 정확히 전달할 수 있는 게 더 중요한 시대예요. 애플사의 여러 제품도 스티브 잡스가 좋은 발표를 하지 않았다면 지금과 같은 인기를 누리지 못했을 지도 몰라요. 그러니 스티브 잡스의 발표 비법을 확실히 익혀서 수업 시간에 자신 있게 발표해 보도록 해요.

어휘 돋보기

 발표와 연설에는 좋은 스토리텔링이 필요해요

자신이 조사한 일이나 연구 결과 같은 객관적 사실을 사람들에게 알리는 일을 '발표'라고 하고, 자신의 주장과 의견을 여러 사람 앞에서 말하는 걸 '연설'이라고 해요. 발표와 연설은 그 뜻은 조금 다르지만 공개된 장소에서 여러 사람에게 이야기를 들려준다는 점에서는 똑같아요. 그렇기 때문에 좋은 발표나 좋은 연설을 위해서는 좋은 스토리텔링이 필요해요.

스토리텔링(storytelling)이란 '스토리(story)'와 '텔링(telling)'의 합성어로 '이야기하다'라는 뜻이에요. 예전에는 좋은 발표와 연설을 위해서는 스토리, 즉 내용만 좋으면 된다고 생각했어요. 하지만 지금은 그 스토리를 들려주는 방법, 즉 텔링 역시 중요하게 여겨지는 시대가 되었어요. 왜 그럴까요?

혹시 그런 경험 있지 않나요? 똑같은 이야기도 재미있게 들려주는 친구가 있고, 재미없게 들려주는 친구가 있어요. 왜 그럴까요? 그게 바로 스토리텔링이 달라서 그래요.

좋은 스토리텔링을 하기 위해서는 내 이야기를 들으러 오는 사람들이 누구인지, 몇 명이나 되는지 알아야 해요. 그리고 나에게 주어진 시간이 어느 정도인지 알고 거기에 맞게 내용을 준비해야 하죠.

또 내가 말하는 내용을 뒷받침해 줄 사진이나 동영상 같은 시청각 자료도 필요해요. 특히 이런 자료들은 청중의 집중을 유도할 수 있어요.

뭐니 뭐니 해도 가장 중요한 점은 청중을 배려하고 솔직하게 이야기해야 한다는 점이에요. 우리가 발표나 연설을 하는 이유는 나를 위한 게 아니라 청중을 위한 거예요. 그러니 과장하거나 꾸며서 말하는 건 절대 금물이에요. 나의 진심이 청중에게 전달될 수 있도록 이야기해야만 해요.

요즘은 발표와 연설을 하는 경우뿐만 아니라 듣는 경우도 많아요. 청중의 입장에서 연설자의 이야기를 들으며 어느 부분이 좋고 나쁜지를 생각해 봐요. 그렇게 하면 좋은 발표와 나쁜 발표의 차이점을 알 수 있게 돼, 나의 발표에 커다란 도움이 될 거예요.

어법

말의 일정한 법칙.

 고기 한 근

    옛날 우리나라에는 신분 제도가 있었어요. 양반, 중인, 상민, 천민의 순으로 높은 신분과 낮은 신분을 갈랐지요. 그리고 신분에 따라 할 수 있는 일이 정해졌어요. 그래서 아무나 과거를 볼 수 없었어요. 양반의 자식만 과거를 볼 수 있었거든요. 상민도 과거를 볼 수 있었지만 실제로는 교육을 받을 기회가 없어 주로 농사를 짓거나 장사를 했어요. 또 천민의 자식은 계속 천민으로 살아야만 했지요. 게다가 높은 신분의 사람은 낮은 신분의 사람을 함부로 대해도 아무런 문제가 되지 않았어요. 지금 보면 참 이상한 시대죠. 하지만 그때는 그게 당연한 일이었어요. 게다가 그런 신분 제도를 법으로 삼고, 이를 어

기지 못하게 했어요.

  그렇게 신분 제도가 철저한 옛날, 어느 마을에 박바우란 노인이 살았어요. 그는 천민의 집안에서 태어나서 젊었을 때부터 고기 파는 일을 했죠. 시간이 흘러 머리가 하얗게 샌 노인이 되었지만 고기를 사러 오는 양반들은 언제나 그를 막 대했어요. 박 노인은 그런 처사가 내심 못마땅했지만 꾹 참을 수밖에 없었어요.

  어느 날 젊은 양반 두 사람이 각자 고기를 사러 박 노인의 가게를 찾아왔어요. 먼저 온 양반은 늘 그랬듯 박 노인의 이름을 함부로 불렀어요.

"바우야, 쇠고기 한 근만 다오."

"알겠습니다."

박 노인은 대충 고기를 잘라 먼저 온 양반에게 건넸어요.

나중에 온 양반은 박 노인에게 공손하게 말을 걸었어요.

"이보게, 박 서방. 고기 한 근만 잘라 주시게."

당시에도 우리말의 어법에는 높임 표현이 있었어요. 특히 나중에 온 양반은 높임 표현을 철저히 지키며 살아왔기에 천민에

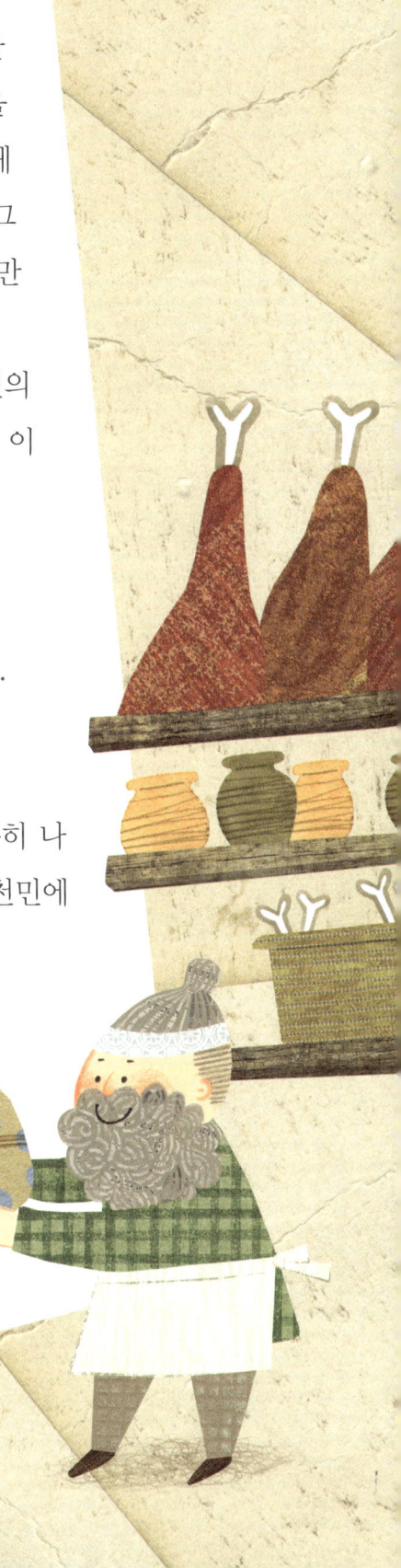

게도 말을 공손히 했어요.

난생 처음 양반에게서 높임말을 들은 박 노인은 자신의 귀를 의심했어요. 너무 기쁜 나머지 가장 좋은 고기를 듬뿍 썰어서 나중에 온 양반에게 공손히 건넸죠.

"여기 있습니다, 나으리."

그러자 그 모습을 지켜보던 먼저 온 양반이 화를 냈어요. 한눈에 봐도 자기의 고기가 양도 훨씬 적고 품질도 나빠 보였거든요.

"이놈 바우야! 어떻게 똑같은 고기 한 근인데 내 고기는 이리 적단 말이냐!"

그러자 박 노인은 아무렇지도 않은 표정으로 대답했어요.

"네, 손님의 고기는 바우란 놈이 자른 것이어서 그렇고, 이 어르신의 고기는 박 서방이 잘라서 그렇습니다요."

그제야 먼저 온 양반은 자신이 신분의 차이만 믿고 나이 든 노인에게 함부로 말했다는 걸 깨달았어요. 먼저 온 양반은 박 노인에게 진심 어린 사과를 했답니다.

우리가 쓰는 어법에는 어떤 것이 있을까요?

바우나 박 서방이나 모두 박 노인을 부르는 말이에요. 하지만 어떻게 불렀느냐에 따라 누구는 좋은 고기를 받았고, 누구는 나쁜 고기를 받았지요. 이렇게 같은 내용을 말하더라도, 말을 하는 일정한 규칙인 '어법'에 따라 듣는 사람의 기분이 좋아지기도 하고 나빠지기도 해요. 웃어른에게는 높임말, 친구나 아랫사람에게는 예사말, 의사소통의 불편함을 덜기 위해 사용하는 표준어도 모두 어법에 속한답니다.

어휘 돋보기

 표준어와 사투리

서울쥐와 시골쥐는 편지를 주고받으며 친구가 되었어요. 그러던 어느 날, 서울쥐는 시골쥐를 만나기 위해 시골로 내려갔어요. 서울쥐는 시골쥐의 집을 찾아 헤매던 중 할머니쥐를 만났어요. 서울쥐는 할머니쥐에게 물어보았어요.

"할머니, 혹시 시골쥐 집을 아세요?"

할머니쥐는 고개를 갸우뚱하며 말했어요.

"가가 누꼬?"

서울쥐는 순간 당황했어요. 무슨 말인지 알아들을 수가 없었거든요. 그래서 다시 한 번 또박또박 설명했어요.

"할머니, 저는 서울쥐인데요, 여기 사는 시골쥐를 만나러 왔어요."

그러면서 서울쥐는 할머니쥐에게 시골쥐의 사진을 보여 주었어요. 사진을 보자 할머니쥐는 고개를 끄덕였어요.

"아, 야? 야는 간데?"

그러더니 할머니쥐는 손가락으로 여기저기를 가리키며 무언가를 설명해 주었어요. 하지만 서울쥐는 하나도 알아들을 수 없었답니다. 할머니쥐의 말이 마치 외국어처럼 들렸거든요.

시골쥐가 사는 곳이 아마 경상도였나 봐요. 할머니쥐가 경상도 사투리를 쓰는 걸 보면요. 표준어만 써 온 서울쥐는 사투리를 사용한 말과 글을 알아듣기 힘들었겠죠. 표준어란 한 나라에서 전 국민이 공통적으로 쓰기로 정한 말이에요. 한 나라의 수도를 기준으로 정해지기 때문에 우리나라의 표준어는 서울말이에요. 반면 사투리는 한 지역에서만 쓰이는 말로 다른 말로는 '방언'이라고 해요.

일반적으로 표준어를 사용한 말과 글을 올바른 표현이라고 해요. 하지만 지역적 정서와 인물의 성격을 드러내기 위해 일부러 사투리를 쓴 문학 작품들도 있답니다.

사투리(방언)

표준어

음운 변동

두 음운이 서로 만날 때
소리내기 좋게 음운이 달라지는 현상.

 ## 오시오 자시오 가시오

봉이 김선달은 평양에서 태어났어요. 당시 조선은 서북인(평양을 포함한 지금의 평안도 지역에 사는 사람)을 차별했어요. 봉이 김선달이 아무리 공부를 잘해도 그러한 차별 때문에 과거에 급제할 수 없었어요. 답답한 마음에 봉이 김선달은 전국을 떠돌아다니며 권력만 믿고 못된 짓을 일삼는 사람들을 꾀를 내서 혼내 주었어요.

봉이 김선달이 어느 마을에 도착하니 마침 큰 장이 열리고 있었어요. 당시에는 오일장이라고 해서 닷새에 한 번씩만 장이 열렸거든요. 사람들은 물건 살 돈이 없어도 온갖 신기한 물건들이 모여 있는 장 구경을 하러 나서곤 했어요. 하지만 물건을 사지도 않는 사람들은 상인들에게 귀찮은 존재였어요. 그래서 물건을 만져보기만 해도 화를 내며 쫓아냈지요.

'돈이 없다고 사람들을 함부로 대하다니. 혼 좀 내 줘야겠군!'

봉이 김선달은 잠시 머리를 굴리더니 곧 좋은 생각이 떠올랐다는 듯 씩 미소를 지었어요. 그리고 상인이 걸어놓은 옷을 가리켰죠.

"저게 무엇인가?"

상인은 옷을 모르는 사람도 다 있나 싶어 봉이 김선달을 바라보았어요. 그리고 귀찮다는 듯 대답했어요.

"옷이오."

그러자 봉이 김선달이 포대에 가득 담긴 잣을 가리켰어요.

"그럼 이건 무엇인가?"

"잣이오."

그러자 봉이 김선달은 잣을 한 움큼 집어 먹었어요. 값비싼 잣을 함부로 먹는 것에 상인은 화가 났지만 꾹 참았어요.

'돈이 있으니 먹는 거겠지. 돈을 내지 않으면 관아에 끌고 갈 테야.'

한참 동안 잣을 먹던 봉이 김선달이 입을 쓱 닦더니 이번에는 자기가 쓰고 있는 갓을 가리켰어요.

"그럼 이게 무엇인지 아는가?"

상인은 이제 어이없다는 표정으로 대답했어요.

"갓이오."

그러자 봉이 김선달은 씩 웃더니 돌아서서 가 버렸어요. 화가 난 상인이 달려가 냉큼 봉이 김선달을 붙잡았어요.

"남의 비싼 잣을 먹었으면 돈을 내야지 어딜 그냥 가!"

하지만 봉이 김선달은 당당하게 말했어요.

"나는 자네가 '오시오'라고 해서 왔고, '자시오'라고 해서 먹었고, '가시오'라고 해서 갔을 뿐이네. 내가 뭘 잘못했단 말인가!"

봉이 김선달은 '옷이오', '잣이오', '갓이오'라는 문장을 말로 하면 '오시오', '자시오', '가시오'라고 발음되는 걸 노려 상인을 혼내 줬어요. 우리말 중에는 이렇게 쓰는 방법과 읽는 방법이 다른 것들이 있어요. 이를 음운 변동이라고 하지요.

그 광경을 지켜보던 구경꾼들이 손뼉을 치자 상인은 그제야 봉이 김선달의 꾀에 당한 걸 알고 얼굴이 붉어졌답니다.

봉이 김선달은 음운 변동을 이용해 못된 상인을 골려 주었어요!

자음과 모음처럼 우리말에서 가장 작은 단위를 음운이라고 해요. 음운은 모여서 하나의 완결된 소리 마디인 음절이 되지요. 음절을 발음하다 보면 소리내기 좋게 음운이 달라지는데, 이걸 음운의 변동이라고 해요. '옷이오', '잣이오', '갓이오'가 말로 하면 '오시오', '자시오', '가시오'로 발음되는 것도 음운 변동의 하나지요.

어휘 돋보기

 음운 변동은 너무 어려워!

한글은 모든 소리를 거의 다 표현할 수 있는 과학적인 문자예요. 바로 자음과 모음이라는 음운이 있기 때문이지요. 음운이란 사람의 입을 통해 나오는 소리를 이루는 가장 작은 단위예요. 우리나라 말인 국어의 음운은 자음 19개(ㄱ, ㄴ, ㄷ, ㄹ, ㅁ, ㅂ, ㅅ, ㅇ, ㅈ, ㅊ, ㅋ, ㅌ, ㅍ, ㅎ, ㄲ, ㄸ, ㅃ, ㅆ, ㅉ)와 모음 21개(ㅏ, ㅐ, ㅑ, ㅒ, ㅓ, ㅔ, ㅕ, ㅖ, ㅗ, ㅘ, ㅙ, ㅚ, ㅛ, ㅜ, ㅝ, ㅞ, ㅟ, ㅠ, ㅡ, ㅢ, ㅣ)로 이루어져 있어요. '마을'과 '가을'은 몇개의 음운인가요?

마을, 가을

'마을'은 자음 3개(ㅁ, ㅇ, ㄹ)와 모음 2개(ㅏ, ㅡ), '가을'은 자음 3개(ㄱ, ㅇ, ㄹ)와 모음 2개(ㅏ, ㅡ)로 이루어져 있지요. 자음 'ㅁ'과 'ㄱ'만 빼고 다른 음운들은 모두 같아요.

'나'와 '너'는 어떤가요?

나, 너

'나'는 자음 1개(ㄴ)와 모음 1개(ㅏ)로, '너'는 자음 1개(ㄴ)와 모음 1개(ㅓ)로 이루어져 있어요. 모음 'ㅏ'와 'ㅓ'만 빼고 다른 음운들은 모두 같아요. 하지만 '마을'과 '가을', '나'와 '너'는 전혀 다른 뜻이지요. 이렇게 음운 하나만 달라도 전혀 다른 의미의 낱말이 돼요.

이번에는 '옷이오, 잣이오, 갓이오'를 소리 나는 대로 적어 볼까요?

'옷이오, 잣이오, 갓이오' → '오시오, 자시오, 가시오'

이렇게 소리내기 좋게 음운이 달라지는 것을 음운이 변하거나 이동했다고 해서, 음운 변동이라고 해요. 음운이 바뀌니 이번에도 전혀 다른 뜻이 되었죠?

받아쓰기 시험 시간에 선생님의 말을 듣고 들리는 대로 받아썼다가 낭패를 보는 경우가 있어요. 이는 음운 변동을 잘 이해하지 못했기 때문이에요. 음운 변동의 규칙을 이해하면 말의 의미를 분명히 할 수 있답니다.

가로 & 세로 퀴즈로 풀어 보는
십자말 풀이

정답 192쪽

가로

1 서로 다투는 중심이 되는 점. '독도를 둘러싼 여러 ○○'

2 어떤 문제에 대하여 검토하고 협의하는 것. '바닷속 동물들은 누가 토끼의 간을 가져오는가를 두고 ○○했어요'

3 존경을 표현하기 위해 사람이나 사물을 높이는 표현. '말씀'은 '말'의 ○○○○ 이에요.

4 여러 사람 앞에서 자기의 생각이나 주장 또는 의견을 이야기함. '마틴 루터 킹의 ○○비법'

5 말의 일정한 법칙. 높임 표현이나 표준어 등이 여기에 속해요.

6 어떤 사실이나 결과, 작품 등을 세상에 널리 드러내어서 알리는 것. 스티브 잡스의 특기죠.

7 사람이 사물이나 현상을 보고 생각하는 태도. '오성과 하인이 감나무를 서로 자기 것이라고 한 것은 ○○이 달랐기 때문이에요'

8 회의가 끝남.

9 표준어의 반대말로 한 지역에서만 쓰이는 말. '사투리'라고도 해요.

10 '이야기하다'라는 뜻을 가진 영어 단어로 좋은 발표와 연설을 하기 위해 꼭 필요한 것이에요.

11 홀로 소리를 낼 수 없고 모음이 있어야만 소리를 낼 수 있어 '닿소리'라고 부르기도 해요. 'ㄱ, ㄴ, ㄷ, ㄹ, ㅁ, ㅂ, ㅅ, ㅇ, ㅈ, ㅊ, ㅋ, ㅌ, ㅍ, ㅎ, ㄲ, ㄸ, ㅃ, ㅆ, ㅉ'을 뜻하는 말이에요.

세로

1 여럿이 모여 의논함, 또는 그런 모임. '금수○○록'

2 어떤 문제에 대하여 여러 사람이 찬성과 반대로 나뉘어 각각 의견을 이야기함. '찬반 ○○', '이번 ○○의 주제는 남녀평등이야'

3 음운이 서로 만날 때, 소리내기 좋게 음운이 달라지는 현상. '봉이 김선달은 ○○○○을 이용해 못된 상인을 골탕 먹였어요'

4 한 나라에서 공통으로 쓰는 언어. 의사소통의 불편을 덜기 위하여 전 국민이 공통적으로 쓰는 말로, 우리나라에서는 교양 있는 사람들이 두루 쓰는 현대 서울말로 정함을 원칙으로 해요.

5 근거를 토대로 만들어 낸 가정. 셜록 홈스의 추리법 3단계의 마지막 단계예요.

6 회장이 회의를 시작하겠다고 선언하는 일.

7 회의에서 나온 안건을 투표로 결정하는 일.

8 너그럽게 용서하고 받아들임. 여러 관점이 부딪힐 때는 이런 자세가 필요해요.

9 어떤 일에 대한 의논이나 의견을 나눌 때 그 근본이 되는 까닭. '홈스의 추리에는 모두 ○○가 있어'

10 자음과 달리 홀로 소리를 낼 수 있어 홀소리라고 불려요. 'ㅏ, ㅐ, ㅑ, ㅒ, ㅓ, ㅔ, ㅕ, ㅖ, ㅗ, ㅘ, ㅙ, ㅚ, ㅛ, ㅜ, ㅝ, ㅞ, ㅟ, ㅠ, ㅡ, ㅢ, ㅣ'를 뜻하는 말이에요.

11 조선 후기의 판소리계 소설이에요. 토끼의 간을 먹어야 병이 낫는 용왕을 위하여 육지로 나간 자라가 토끼를 용궁에 데려오는 데는 성공하지만, 토끼가 간을 빼놓고 다닌다는 말로 잔꾀를 부려 죽음의 위기에서 벗어나 도망친다는 내용이에요. 이 소설의 이름은 무엇인가요?

03
쓰기에 필요한 어휘

낱말

육하원칙

낱말

분리해서 독립적으로 쓸 수 있는 말.

 헬렌켈러의 〈모든 사물에는 이름이 있습니다〉

지금까지 살아오며 절대 잊을 수 없는 가장 중요한 날이 있습니다. 그건 바로 설리번 선생님을 만난 날입니다. 선생님을 만난 후 내 인생이 얼마나 달라졌는지 생각해 보면, 나는 지금도 그날의 일이 꿈만 같습니다. 1887년 3월 3일, 내가 일곱 살이 되기 3개월 전의 어느 날입니다.

그날 오후 말을 할 줄 모르던 나는 현관에 서 있었어요. 무언가를 기대하며 말이죠. 그날따라 어머니와 집안 하인들이 바쁘게 움직이는 걸 느꼈거든요. 뭔가 놀라운 일이 일어날 것만 같은 느낌이 들었어요. 하지만 그때만 해도 나는 내 미래가 얼마나 놀랍게, 그리고 훌륭하게 바뀔지 전혀 알 수 없었답니다.

　잠시 후 우리 집에 도착한 설리번 선생님은 나를 자기 방으로 데려갔어요. 그리고 인형을 선물로 주셨죠. 내가 그 인형을 가지고 놀고 있는데 설리번 선생님이 내 손바닥에 천천히 뭔가를 썼어요. d-o-l-l. 내가 갖고 노는 장난감의 이름. 바로 인형이었죠. 나는 곧 그 손가락 놀이에 흥미를 가졌어요. 그리고 흉내를 내보려고 애썼죠. 마침내 그 낱말을 정확하게 쓸 수 있게 되었어요. 그때 나는 그 사실이 너무 기쁘고 자랑스러워 어머니에게 달려갔어요. 그리고 어머니의 손에 'doll'이라고 썼어요.

　그 후로도 나는 뜻도 모르면서 많은 낱말을 쓰고 외웠어요. 그러면서 사물에 이름이 있다는 사실을 깨닫게 되었어요.

　도자기로 만든 새 인형을 가지고 놀고 있을 때였어요. 설리번 선생님이 나에게 봉제 인형을 가지고 오셨어요. 그리고 도자기 인형이나 봉제 인형이나 모두 'doll'이라는 걸 알려 주려고 하셨죠. 하지만 나는 이미 화가 난 상태였어요.

　왜냐하면 이미 그 전에 설리번 선생님은 컵을 뜻하는 낱말이 'm-u-g'이고, 그 안에 든 물이 'w-a-t-e-r'라는 걸 알려

주었거든요. 하지만 나는 그 둘을 계속 헷갈렸어요. 나는 선생님이 또다시 나를 헷갈리게 하려 한다고 생각해서, 화가 나 도자기 인형을 바닥에 던져 깨뜨렸어요.

　선생님은 내 마음을 진정시키기 위해 나를 밖으로 데리고 나가셨어요. 우리는 오솔길을 걸었고, 길 끝에 있는 우물에 다다랐습니다. 그때 선생님은 내 한 손을 물에 담갔습니다. 그리고 다른 한 손에는 'w-a-t-e-r'이라는 단어를 썼어요. 나는 가만히 서서 선생님의 움직이는 손가락에 신경을 집중했어요.

　그때였습니다. 순간 나는 그동안 잊고 있었던 어떤 것이 되살아나는 느낌이 들었습니다. 나는 그제야 깨달았습니다. 'w-a-t-e-r'가 바로, 내 손에 닿는 이 멋지고 차가운 것을 의미한다는 것을요!

　나는 집으로 돌아오는 길에도 정신없이 배웠습니다. 모든 사물에 이름이 있으며 그 이름을 아는 것은 새로운 지식을 가지는 것임을요. 그 사실을 알게 되자 손에 닿는 모든 것이 생명을 가지고 있는 것처럼 느껴졌어요. 나는 모든 것을 새로운 시각에서 볼 수 있게 된 것입니다. 단지 모든 사물에 이름이 있다는 사실을 깨달은 것만으로요.

 헬렌 켈러가 배운 낱말들은 무엇인가요?

헬렌 켈러는 설리번 선생님에게 doll(인형), mug(컵), water(물)이라는 낱말을 배웠어요. 그럼 이 글의 제목인 '모든 사물에는 이름이 있습니다'는 몇 개의 낱말로 이루어져 있나요? '모든', '사물', '이름', '있습니다'와 같이 스스로 뜻을 가진 말과 '에는', '이'와 같은 다른 말 뒤에 붙어 문법적 기능을 행하는 말까지 총 6개의 낱말이 있네요.

어휘 돋보기

 '놀부의 화초장'과 낱말의 뜻

흥부의 집에서 돌아오는 놀부의 얼굴에는 욕심 어린 미소가 가득했어요. 흥부에게서 부자가 되는 비법을 들었거든요. 놀부는 얼른 집으로 돌아가 아무 제비나 붙잡고는 다리를 부러뜨려 고쳐 줄 생각이었어요.

그런데 놀부의 얼굴에서 땀이 비 오듯 떨어졌어요. 흥부네 집에서 가장 귀해 보이는 화초장(문짝에 유리를 붙이고 모란꽃과 풀 무늬를 채색한 옷장)을 지고 나왔기 때문이에요. 흥부가 화초장이 무거우니 하인을 시켜 놀부 집으로 보내겠다는 걸 욕심 많은 놀부가 믿지 못하여 직접 들고 온 것이에요.

화초장을 부인에게 자랑할 생각에 놀부는 힘을 냈어요. 하지만 개울가를 건너는 데 신경 쓰다 그만 화초장의 이름을 까먹었어요.

"가만 있자. 등에 진 이놈의 이름이 뭐였더라? 알아야 부인한테 자랑을 할 텐데. 끝에 '장' 자가 붙었던 것 같은데……. 고추장? 된장? 쌈장? 아냐, 아냐. '화' 자가 들어갔던 것 같은데……. 화개장? 송화장? 아냐, 아냐. 이것도 아냐!"

놀부는 답답해서 그렇지 않아도 먼 길이 더 멀게만 느껴졌어요. 이름 모를 물건을 지고 있으니 더 무거운 것 같기도 했고요. 놀부는 계속해서 머리를 굴렸지만 '화초장'이라는 이름 석 자가 떠오르지는 않았답니다.

사실 놀부가 조금만 더 똑똑했더라면 화초장이란 낱말을 쉽게 떠올렸을 거예요. 놀부가 메고 있는 물건 자체에 이름의 뜻이 담겨 있었으니까요. '꽃 화(花)'와 '풀 초(草)' 장식이 들어간 '장롱 장(欌)'이어서 '화초장'이라고 부르는 거거든요. 이처럼 처음 접하는 낱말인 경우 그 의미를 모를 수 있어요. 이럴 때는 글의 흐름, 즉 문맥을 살펴보는 것이 좋아요. 이 글에도 '모란꽃과 풀 무늬를 채색한 옷장'이라는 힌트가 있었어요. 문맥을 보아도 이해가 되지 않을 경우에는 사전을 찾아 그 뜻을 확인하면 됩니다.

낱말
문맥
의미

문장

생각이나 감정을 말이나 글로 표현해서 완결 짓는 최소의 단위.

 위인들의 명언

　세상에는 위인들이 남긴 수많은 명언이 있어요. 우리는 그 명언을 읽고 감동하기도 하고, 자신의 좌우명으로 삼기도 하죠. 하지만 명언을 단순히 '멋진 말', '좋은 말'이라고만 생각하면 안 돼요.

　이순신 장군의 명언 중에는 '죽고자 하면 반드시 살 것이요, 살고자 하면 반드시 죽을 것이다'라는 문장이 있어요. 이순신 장군은 어떤 심정으로 이 말을 했을까요?

　임진왜란이 한창이던 1597년 조선 수군은 최악의 위기에 빠져 있었고, 이순신 장군은 동료 장수였던 원균의 모함 때문에 수군에서 쫓겨난 상태였어요.

이순신 장군의 뒤를 이어 조선 수군의 사령관이 된 원균은 칠천량해전에서 크게 패배하고 자신도 죽고 말았어요. 어쩔 수 없이 조정은 이순신을 다시 조선 수군의 책임자로 불러들였어요. 하지만 당시 조선 수군에 남아 있는 배는 겨우 13척뿐이었어요.

칠천량해전의 승리로 고무된 일본은 이번에야말로 조선을 정복하겠다는 생각에 300척이 넘는 배를 조선으로 보냈어요. 13척과 300척의 싸움! 아무리 봐도 조선 수군이 패배할 수밖에 없는 싸움이었죠. 이순신은 자신이 일본 수군을 막아 내지 못한다면 조선 전체가 위험해진다는 사실을 잘 알고 있었어요.

이순신 장군은 얼마 남지 않은 수군을 모두 불러 모았어요. 사기가 떨어질 대로 떨어진 조선 수군은 싸움을 포기하고 있었어요. 이순신 장군은 그들 앞에서 외쳤어요.

"너희가 만약 포기한다면 이 나라 조선은 일본의 손에 넘어가고 말 것이다. 그렇게 되면 너희의 부모 형제, 자식들 모두 일본의 노예로 지내게 될 것이다. 그러니 이번 싸움에서 죽음을 각오하

고 싸워야만 한다."

그리고 좌중을 돌아보며 힘주어 이야기했어요.

"죽고자 하면 반드시 살 것이고, 살고자 하면 반드시 죽을 것이다!"

이순신 장군의 진심 어린 외침에 조선 수군은 다시 한 번 힘을 모았어요. 그리고 명량 앞바다에서 13척의 배로 300척이 넘는 일본 수군의 배를 물리치는 기적을 만들어 냈어요. '죽고자 하면 반드시 살 것이고, 살고자 하면 반드시 죽을 것이다'라는 이순신 장군의 명언은 평생 나라를 생각했던 이순신 장군의 마음이 고스란히 담겨져 있는 문장이에요.

이처럼 명언은 그 명언을 말한 위인의 생각과 정신을 한 문장으로 표현한 말이에요. 에디슨은 2000번이 넘는 실패를 맛보고서야 전구를 발명할 수 있었기에 '천재는 1%의 영감과 99%의 노력으로 이루어진다'는 명언을 말할 수 있었죠. 보지도 듣지도 말하지도 못하는 상황에서도 학문을 통해 세상의 진리를 깨달았던 헬렌 켈러이기에 '세상은 고통으로 가득하지만 한편 그것을 이겨내는 일로도 가득 차 있다'라는 명언을 말할 수 있었던 거예요.

훌륭한 명언을 남기고 싶나요? 그렇다면 먼저 훌륭한 삶을 살기 위해 노력해야 해요.

문장으로 미래의 명언을 만들어 봐요.

문장은 내 생각이나 감정을 완결해서 표현할 수 있는 최소의 단위예요. 명언이 모두 문장인 이유가 여기 있지요. 위인들의 생각이 담긴 명언처럼 여러분도 미래의 명언을 만들어 보세요. 어떠한 삶을 살아야 할지 여러분의 구체적인 생각을 적어 보는 거예요. 그리고 자신이 만든 명언에 맞춰 살도록 노력해 보세요. 여러분이 지금 만든 명언이 훗날 깊은 감동을 주는 진짜 명언이 될 수도 있잖아요.

어휘 돋보기

 다양한 문장의 종류

위인들의 명언을 보면 비슷한 점이 있어요. 대부분 '~이다'라는 식으로 끝난다는 점이에요. 이러한 문장을 평서문이라고 해요. 평서문 외에도 문장의 종류에는 의문문, 감탄문, 명령문, 청유문이 있어요. 각자의 종류에 따라 쓰임새가 다르죠.

평서문은 말하는 사람이 자기 생각을 평범하게 말하는 문장을 뜻해요. '나는 걷는다.', '새가 하늘을 날아가네.', '아버지가 일하시는 곳은 63빌딩입니다.' 와 같은 문장을 평서문이라고 해요. 문장이 끝나는 곳에 마침표(.)를 찍지요.

의문문은 말하는 사람이 듣는 사람에게 궁금한 점을 물어보는 문장이에요. 물음표(?)를 써서 끝을 맺는 게 특징이죠. '그 책 읽어 보았니?', '오늘은 뭘 할까?' 같은 문장이에요. 말을 할 때는 끝부분을 올려서 말을 하죠. 누가 의문문으로 물어보면 꼭 대답을 해야 해요. 그게 예의거든요.

감탄문은 말하는 사람이 자신이 느낀 감정을 말할 때 쓰는 문장이에요. 느낌표(!)로 끝을 맺어서 자신이 느낀 감정을 강하게 전달하는 게 특징이죠. '노을이 참 예쁘다!', '이야기 끝에 주인공이 죽어서 너무 슬퍼!' 같은 문장이 감탄문이에요.

명령문은 말하는 사람이 듣는 사람에게 어떤 행동을 하도록 명령하는 문장이에요. '~해라.', '~하십시오.' 등으로 문장의 끝을 맺어요. 마침표(.)로 끝맺지만 명령을 강조하기 위해서 느낌표(!)로 끝맺는 경우도 있어요.

그리고 마지막으로 청유문이 있어요. 말하는 사람이 듣는 사람에게 어떤 행동을 같이 하자고 부탁하는 문장이죠. '~하자.', '~합시다.'라는 식의 문장이 청유문인데 마지막에 대개 마침표(.)를 찍어서 끝내요.

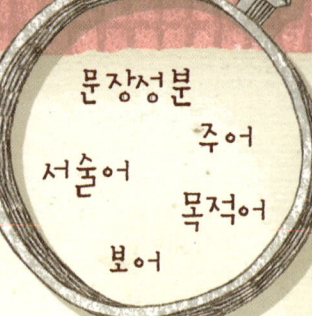

 문장은 무엇으로 이루어져 있을까

　블록 쌓기를 해 본 적이 있나요? 네모 블록, 세모 블록, 오각형 블록 등 여러 모양의 블록들을 조합해서 집이나 기차를 만드는 블록 쌓기는 참 재미있는 놀이에요. 그런데 문장을 만드는 것도 블록 쌓기와 같아요. 하나의 문장을 만들기 위해서는 문장을 구성하는 문장성분을 조합해야 하거든요.
　그럼 지금부터 문장을 만들어 가며 문장성분에 대해 알아보아요.

'헬렌 켈러는(주어) –'

　문장의 시작 지점이에요. 이 문장의 주인공이 '헬렌 켈러'라는 사실을 알 수 있어요. 이처럼 문장의 주인공을 가리키는 '헬렌 켈러는'을 주어라고 해요. 문장에서 '누가/무엇이'에 해당하는 부분이죠. 그럼 헬렌 켈러는 뭘 하고 있을까요?

헬렌 켈러는(주어) – 읽는다(서술어)

　헬렌 켈러가 무언가를 읽고 있나 보네요. 이처럼 헬렌 켈러가 하는 행동을 설명해 주는 '읽는다'를 서술어라고 해요. 서술어는 주어의 행동뿐 아니라 상태, 성질 등을 설명해 주죠. 문장에서 '어찌하다, 어떠하다, 무엇이다' 같은 부분이 나오면 그게 바로 서술어예요. 그런데 헬렌 켈러는 무엇을 읽고 있을까요?

헬렌 켈러는(주어) – 낱말 카드를(목적어) – 읽는다(서술어)

　헬렌 켈러가 사물의 이름을 익히기 위해 낱말 카드를 읽고 있나 봐요. 아마 점자로 된 낱말 카드겠지요. 이 문장에서는 '낱말 카드를'이 목적어예요. '누구를/무엇을'에 해당하는 부분이죠.
　이렇게 대부분의 문장은 '주어-목적어-서술어'의 순으로 만들어져요.
　이 순서가 아니라 다른 방식으로 문장을 만드는 문장성분이 있어요. 바로 보어예요.

이순신 장군이(주어) **영웅이**(보어) **되었다.**(서술어)

보어란 서술어 '되다, 아니다' 앞에 붙어서 '무엇이' 되고 안 되었는지 알려 주는 성분이에요. '~이/가 되다, 아니다'라고 하면 바로 보어가 나오는 문장이죠.

지금까지 살펴본 주어, 목적어, 서술어, 보어를 문장을 만들 때 꼭 필요한 성분이라고 해서 주성분이라고 해요. 이런 주성분만으로 문장을 만들면 조금 심심할 때가 있어요. 그래서 문장을 더욱 풍성하게 하는 보조성분을 사용해요. 보조성분은 말 그대로 주성분을 보조하는 역할을 해요.

관형어는 주어와 목적어를 꾸며 주는 문장성분이에요. 예를 들어 이런 거예요.

늠름한(관형어) **이순신 장군이 우리 군의**(관형어) **깃발을 휘둘렀다.**

어때요? 이순신 장군이 어떤 사람인지 알 수 있죠. 또 깃발이 어떤 깃발인지도 알 수 있게 됐죠. 관형어는 문장 중에서 '어떤', '~의'에 해당하는 부분이에요.

부사는 서술어를 꾸며 주는 문장성분이에요. 예를 들어 볼게요.

에디슨이 열심히(부사) **실험한다.**

이처럼 부사는 문장에서 '어떻게'에 해당하는 부분을 담당하고 있어요.

지금까지 주성분과 보조성분에 대해 알아봤어요. 하지만 어느 성분에도 속하지 않는 말도 있어요. '헬렌 켈러야', '친구야'처럼 누군가를 부르는 말, '어머', '앗' 같은 감탄사, 또 '예', '아니오' 같은 대답. 이런 말들은 독립적으로 사용된다고 해서 독립성분이라고 불러요.

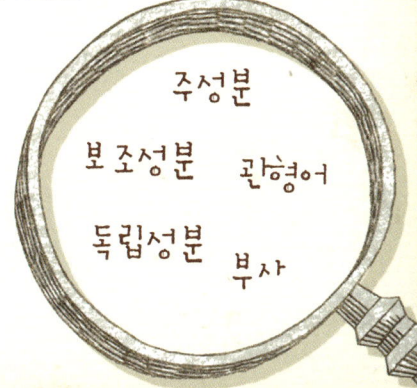

문장부호

문장의 뜻을 돕거나 문장을 구별할 수 있도록 쓰는 여러 가지 부호.

 문장부호는 어떻게 만들어졌을까

마침표(.), 물음표(?), 느낌표(!). 우리가 문장을 끝마칠 때 흔히 쓰는 기호들이에요. 문장부호라 불리는 것들이지요. 이런 문장부호가 있음으로 해서 우리는 문장이 어디서 끝나는지 쉽게 알 수 있어요. 그 문장이 어떤 뜻으로 쓰이는지도 잘 알 수 있죠. 이렇게 신통방통한 문장부호는 대체 누가 언제 만든 걸까요?

우리가 아는 문장부호들은 먼 옛날 유럽에서 처음 생겼다고 해요. 당시 유럽 사람들은 글을 쓸 때 깃털 펜을 썼어요. 본 적 있죠? 깃털 모양으로 되어서 잉크에 콕 찍어서 종이에 글을 쓰는 펜 말이에요. 그런데 이런 깃털 펜은 잘못하면 종이에 잉크가 뚝뚝 떨어져서 글을 망칠 수가 있어요. 그래서 옛날 유럽 사람들은 글을 쓸 때 필기체라고 해서 모든 글자가 이어지도록 썼어요.

그리고 나서는 펜의 잉크가 종이 위에 떨어지지 않게 문장 마지막을 펜으로 꾹 눌렀다고 해요. 그럼 어떻게 되겠어요? 문장 마지막마다 잉크로 된 점이 남겠죠? 그게 문장의 마침표가 되었다고 해요.

그렇다면 물음표와 느낌표는 어떻게 만들어졌을까요? 이 두 문장부호는 라틴어에서 유래되었어요. 옛날 유럽 사람들은 로마의 언어였던 라틴어를 공식적인 언어로 썼어요. 그래서 글을 쓸 때 무언가 물어보기 위해서는 '내가 묻는다'라는 뜻의 라틴어인 'Quaestio'를 써야만 했어요. 그런데 뭔가 물어볼 때마다 매번 저 긴 단어를 쓰기가 얼마나 귀찮았겠어요. 그래서 단어의 첫 철자와 마지막 철자만 따서 'qo'라고 썼다고 해요. 그리고 그 두 철자 역시 시간이 흐르면서 '?'라는 물음표 부호로 대체되었다고 해요.

느낌표 역시 물음표와 비슷해요. 라틴어로 'io'는 감탄사를 나타내는 말이에요. 그래서 문장을 강조할 때 마지막에 'io'를 붙였어요. 그리고 이 글자가 '!'라는 느낌표가 된 것이죠.

이 밖에도 다양한 문장부호가 있어요. 긴 문장 사이에 찍어 주는 쉼

표(,)나 대화를 표시하기 위한 큰따옴표("")도 있지요. 이런 문장부호 때문에 긴 글을 읽을 때도 내용이 헷갈리지 않는 거예요.

지금 쓰이는 문장부호는 모두 서양에서 들어온 것들이에요. 하지만 옛날 우리 선조에게도 문장부호가 있었어요. 문단이 달라지는 걸 표시할 때 쓰는 동그라미표(○)라던가, 마침표와 쉼표의 기능을 하는 구점과 두점 등 여러 문장부호가 있었어요. 하지만 그때의 문장부호는 옛날 책에서 쓰던 것들이어서 지금은 거의 사라졌어요.

문장부호는 또 문장의 종류를 구분하는 기능도 해요. 문장의 끝에 마침표를 찍으면 평서문, 물음표를 쓰면 의문문, 느낌표를 사용하면 명령문인 경우가 많답니다.

 문장부호를 잘못 쓰면 어떤 일이 일어날까요?

친구와 장난을 치다 친구가 넘어져 다쳤어요. 사과 편지에 괜찮냐고 물어본다는 것이 그만 물음표 대신 느낌표를 쓰고 말았어요. "괜찮아!"라는 말은 친구가 해야 하는 것인데 내가 먼저 "괜찮아!" 하고 편지에 적었으니 친구가 화가 날만 하네요. 이렇게 문장부호를 잘못 사용하면 글을 읽는 사람들이 여러분의 생각을 오해할 수 있게 돼요. 문장부호는 문장의 뜻을 명확히 하기 위해 사람들끼리 약속을 정한 거예요. 평소 올바른 문장부호를 쓰도록 노력해 보세요.

어휘 돋보기

 우리말에 쓰이는 문장부호

마침표, 느낌표, 물음표 말고도 우리말에 쓰이는 문장부호는 많아요.

그중 가장 많이 쓰이는 문장부호가 쉼표(,)예요. 한 문장이 너무 길어서 잠시 끊을 때 쓰는 문장부호지요. 또는 부르는 말과 대답하는 말 뒤에 쓰기도 해요.

어떤 사람의 말을 그대로 문장에 옮겨 적을 때는 큰따옴표(" ")를 쓰고, 어떤 사람의 생각을 문장에 옮겨 적을 때는 작은따옴표(' ')를 써요.

쌍점(:)은 포함되는 종류를 예로 들 적에 써요. '문방사우 : 붓, 먹, 벼루, 종이' 같은 경우예요. 소괄호( )는 묶음표의 하나로 연대, 설명 등을 넣을 적에 써요. 예를 들면 '커피(coffee)'처럼 말이죠. 대괄호[ ] 역시 묶음표의 하나로 묶음표 안에 묶음표가 있을 때 사용해요.

말줄임표(……)는 말을 줄이거나 할 말이 없을 때 쓴답니다.

어때요? 생각지도 못한 다양한 문장부호가 있죠? 여기서 재미있는 사실 하나! 마침표와 쉼표라는 단어는 얼마 전까지만 해도 표준어가 아니었어요. 대신 온점과 반점이 표준말이었어요. 하지만 사람들은 온점과 반점이라고 말하기보다는 마침표와 쉼표라고 말했어요. 그래서 마침표와 쉼표가 표준어가 되었어요. 문장부호를 지칭하는 말도 이렇게 정해진 게 아니라 사람들의 쓰임에 따라 변화하고 있다는 사실, 알고 있으면 좋겠죠?

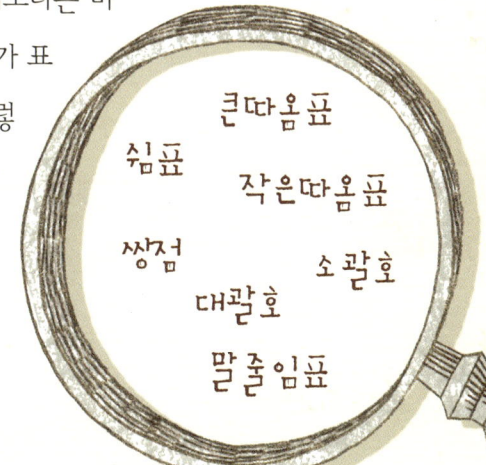

육하원칙

'누가, 언제, 어디서, 무엇을, 어떻게, 왜'의
여섯 가지 원칙.

 나무 그늘을 산 총각

어느 마을에 똑똑하고 마음이 착한 총각이 살고 있었어요. 더운 여름, 총각이 밭에서 일을 하는데 날씨가 너무 더워 땀이 뚝뚝 떨어졌어요. 총각은 잠시 쉬려고 느티나무 그늘에 가서 잠시 눈을 붙였어요. 그때 마을에서 유명한 욕심쟁이 부자가 와서는 총각에게 소리를 버럭 지르는 게 아니겠어요.

"어디 감히 남의 그늘에서 잠을 자는 게냐!"

그 말에 총각은 깜짝 놀라 눈을 떴어요.

욕심쟁이 부자는 씩씩거리며 총각에게 삿대질을 해 댔어요.

"이놈아, 이 나무는 우리 할아버지의 할아버지께서 심은 것이다. 그러니 이

나무도, 나무에서 생긴 그늘도 모두 내 것이다!"

총각은 욕심쟁이 부자의 마음 씀씀이가 너무하다는 생각이 들었어요. 그래서 부자를 혼내 주기로 마음먹었죠. 총각은 공손하게 말했어요.

"그러셨군요. 제가 몰라서 그랬습니다. 제가 이 나무 그늘이 정말 마음에 들어서 그러는데, 저에게 이 그늘을 파시면 안 될까요?"

총각의 말에 부자는 속으로 신이 났어요. 나무 그늘을 팔아서 돈을 벌 기회가 생겼으니 얼마나 좋았겠어요. 그래서 총각에게 다섯 냥을 받고 냉큼 나무 그늘을 팔았어요.

나무 그늘을 산 총각은 마을 사람들을 모두 불러 나무 그늘에서 마음껏 쉬게 해 주었어요. 그리고 해가 지길 기다렸어요.

시간이 흘러 해가 서쪽으로 기울었어요. 나무 그늘이 길어지면서 나무 옆 부자의 집 마당 안으로 들어갔어요. 총각은 마을 사람들과 함께 부자의 집 마당으로 들어갔어요. 그러자 부자가 깜짝 놀라 화를 냈어요.

"이놈아, 어디 감히 남의 집 마당에 들어오는 게냐!"

총각은 당당하게 말했어요.

"이 나무 그늘을 보십시오. 이건 제가 다섯 냥을 주고 산 그늘입니다. 대체 뭐가 문제란 말입니까?"

부자는 아무 말도 하지 못했어요. 자기가 돈을 받고 그늘을 팔았으니까요.

해는 점점 더 서쪽으로 기울었고, 나무 그늘은 부자의 집 마루에까지 올라갔어요. 총각은 사람들과 함께 부자의 집 마루에 올라가 쉬었어요. 부자의 가족들은 화를 냈지만 부자는 아무 말도 하지 못했어요.

그러던 어느 날 부자가 친한 친구들을 불러 잔치를 벌였어요. 그날도 총각은 나무 그늘을 따라 부자의 집으로 들어온 뒤 마루에서 쉬고 있었죠. 부자의 친구들은 그 모습을 이상히 여겨 총각에게 마루에서 쉬는 까닭을 물어봤어요.

총각은 지금까지 일어났던 일들을 차근차근 이야기했어요.

"어느 무더운 여름날 나는 피곤한 나머지 나무 그늘에서 달콤하게 잠을 자고 있었소. 때마침 부자가 나타나 나무 그늘이 자기 것이라며 나를 내쫓지 않겠소? 그래서 나는 부자를 혼내 주려고 바로 나무 그늘을 샀소."라고 하며 <mark>육하원칙</mark>에 따라 조리 있게 이야기했답니다.

 총각이 나무 그늘을 산 일을 <mark>육하원칙</mark>에 따라 정리해 볼까요?

'누가, 언제, 어디서, 무엇을, 어떻게, 왜'의 여섯 가지를 육하원칙이라고 해요. 보통 사건을 명료하게 전달해야 하는 기사문에 많이 쓰이죠. 총각이 나무 그늘을 사게 된 까닭을 육하원칙에 따라 나누어 볼까요?

'어느 무더운 여름날(언제) 나는(누가) 피곤한 나머지(왜) 나무 그늘에서(어디서) 달콤하게 잠을(무엇을) 자고 있었다(어떻게)', '그런데 때마침(언제) 나타난 부자가(누가) 욕심이 나서(왜) 나무 그늘이 자기 것이라며 나를(무엇을) 내쫓았다(어떻게)', '그래서 나는(누가) 부자를 혼내 주려고(왜) 바로(언제) 나무 그늘을(무엇을) 샀다(어떻게)'

나무 그늘을 산 총각 이야기로 기사문 쓰기

우리 마을에 공동 쉼터가 생겼어요!

지난 8월 12일에(언제) 우리 마을 회관에서(어디서) 마을 공동 쉼터 개관식이(무엇을) 열렸습니다. 이번에 마을에 공동 쉼터를(무엇을) 아무 조건 없이 기부한(어떻게) 주인공은 마을의 한 총각(누가)이었습니다. 어떻게 이런 큰 결심을 하게 되었는지(왜), 주인공과 인터뷰를 해 보았습니다.

 어떻게 마을 공동 쉼터를 기부할 생각을 하셨나요?

 그게 실은 우연한 계기에서였습니다. 우리 마을에 욕심 많기로 소문난 부자 이야긴 잘 알고 계시죠?

 잘 알고 있습니다. 나무의 그늘까지 자기 것이라고 우겨 뙤약볕에서 고생하는 분들이 많으셨죠.

 네. 부자의 탐욕을 깨우쳐 주기 위해 저는 돈을 내고 그 그늘을 구입했습니다. 그러고 나니 더 많은 사람과 함께 나무 그늘에서 쉬고 싶은 마음에 나무 그늘을 마을에 기부한 것입니다. 이후 평상을 놓고 쉼터를 만든 건 마을 사람 모두의 힘이 모여서 가능한 일이었습니다. 제가 한 일은 별로 없습니다.

 착한 마음씨만큼이나 겸손하기까지 하시네요. 앞으로의 계획은 어떻습니까?

 글쎄요. 일단 그늘 아래 평상에 누워 늘어지게 낮잠을 자고 싶네요. 하하하.

　기사문은 올바르고 유익한 정보를 알리기 위해 쓰는 글로 지켜야 할 점이 몇 가지 있어요. 내용을 쓸 때는 '누가, 언제, 어디서, 무엇을, 어떻게, 왜'로 이루어진 육하원칙을 지켜서 써야 해요. 읽는 이의 관심을 끌게 하기 위한 제목, 기사문의 내용을 좀 더 쉽게 이해할 수 있도록 사진이나 그림, 도표도 필요해요. 가장 중요한 건 정확한 사실만을 써야 한다는 점이에요.

가로 & 세로 퀴즈로 풀어 보는
십자말 풀이

정답 192쪽

가로

1 비슷한 말로 '단어'가 있어요. '우리는 ○○카드로 한글을 배우지요'

2 글의 흐름. 이걸 통해 낱말의 뜻을 알아낼 수도 있어요.

3 느낌표, 물음표와 같이 문장의 뜻을 돕거나 문장을 구별할 수 있도록 쓰는 여러 가지 부호를 말해요.

4 문장을 풍성하게 꾸며 주는 성분. 관형어와 부사가 여기에 속해요.

5 문장에서 '누가/무엇이'에 해당하는 부분. 문장의 주인공을 가리켜요.

6 위인들이 말한 훌륭한 말. 대개 문장으로 이루어져 있어요.

7 말하는 사람이 듣는 사람에게 궁금한 점을 물어보는 문장이에요. 물음표(?)를 써서 끝을 맺죠.

8 문장성분 중 '누구를/무엇을'에 해당하는 부분이에요.

9 '누가, 언제, 어디서, 무엇을, 어떻게, 왜'의 여섯 가지 원칙을 말해요. '기사문을 쓸 때는 ○○○○을 지켜야 해요'

10 문장 부호의 하나. 주로 문장을 끝맺을 때 쓰는 것으로 온점이라고 불러요.

세로

1 생각이나 감정을 말이나 글로 표현해서 완결짓는 최소의 단위. '명언은 모두 ○○으로 이루어져 있어요'

2 문장을 구성하며 일정한 역할을 하는 여러 종류의 성분을 일컬어요.

3 서술어를 꾸며 주는 문장성분이에요. 문장에서 '어떻게'에 해당하는 부분이죠.

4 서술어 '되다, 아니다' 앞에 붙어서 '무엇이' 되고 안 되었는지 알려주는 성분이에요. '~이/가 되다, 아니다'라고 하면 바로 이 성분이 나오죠.

5 문장을 만들 때 꼭 필요한 성분이에요. 주어, 목적어, 서술어, 보어가 여기에 속해요.

6 말하는 사람이 듣는 사람에게 어떤 행동을 하도록 명령하는 문장이에요.

7 한 문장에서 주어의 움직임, 상태, 성질 따위를 이야기하는 말이에요.

8 말이나 글의 뜻. 낱말은 모두 고유의 ○○를 가지고 있어요.

9 문장부호의 하나. 반점이라고 불러요.

10 기사문은 우리에게 올바르고 유익한 ○○를 알려주기 위해 쓰는 글이에요. '인터넷에는 다양한 지식과 ○○가 있어요'

시

자연이나 삶에 대하여 일어나는 느낌이나 생각을 짧은 형식 속에 담아내는 글.

 **달을 벗 삼아 노래한 이백**

둥근 달이 구름 하나 걸치지 않은 채 밝게 빛나고 있었어요. 그 아래 배 한 척이 중국 채석강 물줄기를 따라 유유히 흘러가고 있었지요.

시인 이백은 배 위에 홀로 앉아 술잔에 술을 가득 부었어요.

"나는 홀로 있으되 혼자가 아니로다! 달이여, 이리 내려와 내 술잔을 받으시게!"

이미 거나하게 취한 이백은 껄껄 웃으며 달을 향해 술잔을 높이 들었다가 단숨에 술을 들이켰어요.

배는 환한 달빛을 소리 없이 따라갈 뿐이었어요. 이백은 다시 술병을 들어

잔을 채우려 했어요. 그 순간 강물 위에 비친 달그림자를 보았어요. 물 위에 뜬 달은 하늘에 걸린 달만큼이나 크고 밝았어요.

"내 청을 들으신 게로군. 어서 배 위로 올라오시게!"

이백은 뱃전에 몸을 걸치고 두 손을 모아 강물에 담갔어요. 달을 건져 올릴 생각이었지요. 하지만 손이 강물에 닿자마자 달빛은 흐려지면서 흔적도 없이 사라졌어요. 잠시 뒤 달빛이 물 위로 다시 모습을 드러냈어요. 이백은 소매를 걷어붙이고 손을 물에 담갔어요. 하지만 이번에도 달그림자는 물 위에서 흩어지고 말았지요.

이백은 호탕하게 웃었지만 웃음 끝에는 문득 외로움이 묻어났어요. 외로움을 떨치려는 듯 술을 연거푸 들이마신 뒤 노래 부르듯 시를 읊었어요.

꽃 사이에 한 동이 술을 놓고
홀로 잔 기울이는데 대작* 할 벗이 없구나.
잔을 높이 들어 밝은 달을 맞이하니
달과 나와 그림자가 합하여 셋이 되었네.
달은 원래 술 마실 줄 모르고
그림자만 나를 따라 마신다.
잠깐이나마 달과 그림자를 벗 삼아
이 즐거움 봄까지 미치리라.
내가 노래하면 달빛도 춤을 추고
내가 춤을 추면 그림자도 덩실덩실.

* 대작 : 마주 대하고 술을 마심.

깨어서는 함께 어울려 기쁨을 나누지만
취해서는 제각기 흩어진다.
언제까지나 세상을 떠나 사귐을 맺자고
서로 기약하자 먼 은하수 다시 만나길.

흐르는 강물 소리만 주변에 가득했습니다. 이백은 물 위에 뜬 달빛을 바라보다가 뱃전에 몸을 깊숙이 기대어 강물을 향해 손을 뻗었어요.
"잡았구나!"
이백은 두 손에 담긴 물 위로 일렁이는 달빛을 본 것만 같았어요.
그때였어요. 이미 술에 잔뜩 취해 몸을 가눌 수 없게 된 이백이 몸을 심하게 기우뚱거리다 결국 물속에 첨벙 빠지고 말았지요.
'달아 달아 놀던 달아 이태백이 놀던 달아'라는 노래로 우리에게도 익숙한 이백(이태백)은 중국 당나라 때의 시인이에요. 달을 잡으려다 물에 빠져 죽었다는 전설이 있을 정도로 일생을 술과 벗과 함께하는 자유로운 생활을 했다고 해요.
이백이 남긴 이 시는 〈월하독작月下獨酌〉(달 아래에서 홀로 술을 마시다)이라는 제목으로 지금까지 사람들에게 사랑받고 있습니다.

 **이백의 시를 읽고 난 느낌을 이야기해 봐요!**

이백의 시를 읽다 보면 달빛 아래 강가에 쓸쓸히 앉아 달과 술을 주거니 받거니 하는 그의 모습이 떠올라요. 이렇게 이백은 자유로운 생각을 시에 담아 노래 부르듯 시를 읊었어요.
앞의 시를 읽다 보면 이백이 달빛 아래 강가에서 홀로 앉아 술을 마시는 장면이 생생하게 그려지네요. 이백이 느꼈을 쓸쓸함 역시 아련하게 다가오는 듯합니다.

 시란 무엇일까요?

아주 오랜 옛날부터 사람들은 기쁜 일이 있을 때나 슬픈 일이 있을 때 노래를 불렀어요. 또 힘든 일을 하거나 하늘에 제사를 지낼 때도 노래를 불렀지요. 다양한 내용을 담은 노랫말은 시간이 흐르고 흘러 '시'의 형태로 발전하게 되었어요.

시는 다른 말로 '운문'이라고도 해요. 길게 풀어 쓰는 '산문'과는 다르게 짧은 형식 속에 깊은 생각과 느낌을 담아내지요.

참새네 말 참새네 글

신현득

참새네는 말이란 게
'짹 짹'뿐이야.
'짹' 한 자뿐일 거야.

참새네 아기는
말 배우기 쉽겠다.
'짹' 소리만 할 줄 알면 되겠다.
사투리도 하나 없고
참 쉽겠다.

참새네 학교는
글 배우기도 쉽겠다.
국어 책도 "짹짹짹……"
산수 책도 "짹짹짹……"
참 재미나겠다.

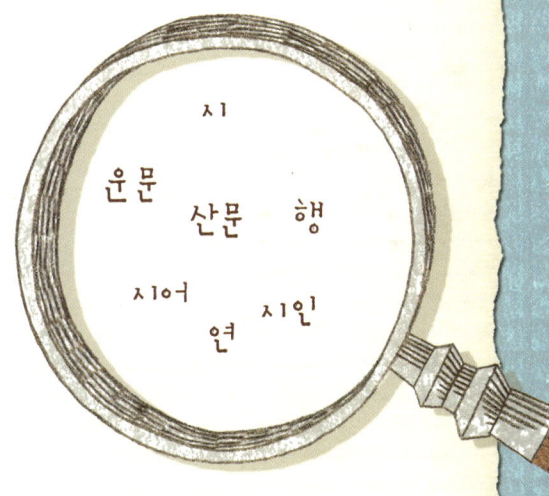

시의 한 줄은 '행'이라고 하고, 여러 행이 모여 이루어진 한 덩이는 '연'이라고 해요. 그럼 앞의 시 '참새네 말 참새네 글'은 몇 연 몇 행인가요? 맞아요, 3연 13행이에요.

이 시에서는 참새가 말도 배우고, 글도 배우고, 학교에도 다녀요. 하지만 이것은 사실이 아니에요. 시인이 마음의 눈으로 본 풍경이지요. 시인은 참새가 '짹짹' 지저귀는 모습을 보며 재미있는 상상을 했어요. 참새처럼 '짹'이라는 한 글자로만 국어와 산수를 배운다면 얼마나 쉽고 재미있을까요? 시인이 공부하기 싫어하는 아이들의 마음을 헤아려 주는 것 같아요.

다음 시를 읽고 그 느낌을 이야기해 보세요.

해

박두진

해야 솟아라. 해야 솟아라. 말갛게 씻은 얼굴 고운 해야 솟아라. 산 넘어 산 넘어서 어둠을 살라 먹고, 산 넘어서 밤새도록 어둠을 살라 먹고, 이글이글 앳된 얼굴 고운 해야 솟아라.

달밤이 싫여, 달밤이 싫여, 눈물 같은 골짜기에 달밤이 싫여, 아무도 없는 뜰에 달밤이 나는 싫여…….

해야, 고운 해야. 늬가 오면 늬가사 오면, 나는 나는 청산이 좋아라. 훨훨훨 깃을 치는 청산이 좋아라. 청산이 있으면 홀로래도 좋아라.

사슴을 따라, 사슴을 따라, 양지로 양지로 사슴을 따라 사슴을 만나면 사슴과 놀고.

칡범을 따라, 칡범을 따라, 칡범을 만나면 칡범과 놀고…….

해야, 고운 해야. 해야 솟아라. 꿈이 아니래도 너를 만나면, 꽃도 새도 짐승도 한자리 앉아, 워어이 워어이 모두 불러 한자리 앉아 앳되고 고운 날을 누려 보리라.

이 시는 행 또는 연의 구분이 없는 산문시이자 형식에서 벗어나 자유롭게 쓴 자유시예요.
'해야 솟아라'를 간절하게 외치는 시인의 마음은 어떤 것 같나요? 시인은 따뜻한 햇살 아래로 상징되는 평화로운 세상을 간절히 바랐어요. 시인은 왜 그러한 세상을 염원했던 걸까요?
이 시는 1946년에 쓰였어요. 이때는 우리나라가 일본의 지배로부터 갓 벗어난 시기였어요. '눈물 같은 골짜기에 달밤' 같은 어둡고 암울한 상황이었지요. 그래서 시인은 어둠이 지나가고 해가 찾아 오면 누리게 될 아름다운 삶의 모습을 그리고 있는 것이지요.
시인은 이처럼 다양한 주제와 방법으로 독자에게 말을 걸어요. 시인의 마음과 독자의 마음이 통하면 시를 읽는 즐거움이 더 커진답니다.

산문시
자유시

시조

고려 말기부터 발달하여 온 우리나라 고유의 정형시.

 이방원의 〈하여가〉에 〈단심가〉로 답한 정몽주

　방에는 무거운 침묵만이 감돌았어요. 이방원은 마주앉은 정몽주의 닫힌 마음을 열 실마리를 찾고 있었어요. 정몽주는 고려의 왕조를 지키려는 고려의 신하였고, 자신은 새로운 왕조를 세우려는 세력이었지요. 이방원은 다시금 아버지 이성계가 한 말을 되새겨 보았어요.

　'고려는 이미 일으키기 힘들 만큼 기울었다. 아들인 너도 잘 알지 않느냐. 내가 고려를 뒤엎고 새 나라를 세우려 한다. 그러려면 고려의 충신이자 핵심 인물인 정몽주가 필요하다. 그의 지혜와 충성심을 따라갈 인물이 아직 없으니 꼭 그를 우리 편으로 만들거라.'

아버지의 말을 떠올리던 이방원은 긴 고민 끝에 정몽주에게 시조 한 수를 읊었어요.

이런들 어떠하리 저런들 어떠하리
만수산 드렁칡이 얽혀진들 어떠하리
우리도 이같이 얽혀 백 년까지 누리리라

정몽주는 이방원이 읊은 시조를 듣고, 그 의미를 이해하고자 깊은 생각에 잠겼어요.
'상황이 어떠하든 칡덩굴처럼 견고하게 얽혀 평생을 함께하자……. 고려는 그만 포기하고, 자신의 세력에 힘을 보태라는 말이로군.'
정몽주는 씁쓸한 입맛을 다시며 말했어요.
"글을 짓는 실력이 뛰어나십니다. 답하고자 저도 한 수 읊어도 되겠습니까?"

이 몸이 죽고 죽어 일백 번 고쳐 죽어
백골이 진토되어 넋이라도 있고 없고
임 향한 일편단심이야 가실 줄이 있으랴

　정몽주는 시조를 읊은 뒤 이방원의 눈을 똑바로 쳐다보았어요. 이방원도 정몽주의 흔들리지 않는 눈빛을 마주한 채 시조 속에 숨은 뜻을 헤아렸어요.
　'당신이 말하는 임이 고려의 임금이라는 것을, 목숨을 내놓을지언정 임금에 대한 충성심은 버리지 않겠다는 그대의 뜻을 내 잘 알았소. 당신이 우리가 바라는 사람이 되지 않으리라는 것 또한 말이오.'
　이렇게 이방원은 정몽주를 자기 세력으로 끌어들이기 위해 〈하여가〉를 지어 보였고, 정몽주는 〈단심가〉로써 고려에 대한 충성심을 표현하였지요.
　결국 정몽주는 이방원에게 죽음을 당하고, 고려는 멸망하게 됩니다. 그리고 이방원의 아버지 이성계가 새로운 나라 '조선'을 세웁니다.

시조 〈하여가〉와 〈단심가〉의 역사적 배경을 살펴보아요.

　고려 말기는 홍건적과 왜구의 침범으로 나라가 어지러웠어요. 혼란의 가운데서 이성계를 중심으로 한 신흥 세력이 부상하고 있었지요. 이성계는 자신의 세력을 바탕 삼아 나라를 세웠어요. 이 나라가 바로 조선이에요. 그리고 이성계의 아들 이방원은 〈하여가〉라는 시조를 지어 고려의 충신 정몽주를 한편으로 끌어들이려 했어요. 이런 역사적 배경을 모른다면 이방원의 〈하여가〉나 정몽주의 〈단심가〉를 사랑에 관한 내용이라고 오해할 수도 있겠지요. 하지만 그 속에는 긴장감 도는 전략이 숨어 있었답니다.

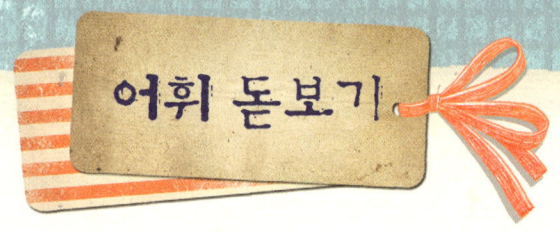

 이방원과 정몽주의 시조 교실

 시조는 고려 말기부터 발달한 우리나라 고유의 정형시지요. 그렇지 않습니까?

 신분이나 직업에 관계없이 정치가, 학자, 장군, 기생 등 누구나 지어 읊었다네. 나라에 충성을 다짐하는 내용, 자연 속에서 한가로이 지내는 모습 등을 주로 다뤘지. 때로는 사랑과 그리움을 담기도 했다네.

 어르신께서는 시조를 지을 때 어떤 점을 가장 중요히 여기십니까?

 알다시피 시조는 일정한 형식과 규칙을 따라야 하네. 내 그 형식에 대해 가르쳐 주지.

이 몸이 죽고 죽어 일백 번 고쳐 죽어

자연스럽게 띄어 읽음으로써 '이 몸이', '죽고 죽어'가 각각 하나의 운율을 이루어요. 이를 음보라고 하지요. 초장(시조의 첫 줄)은 3/4/3/4의 글자 수를 지켜야 해요.

백골이 진토되어 넋이라도 있고 없고

중장(시조의 가운데 줄)도 3/4/3/4의 글자 수를 지키지요.

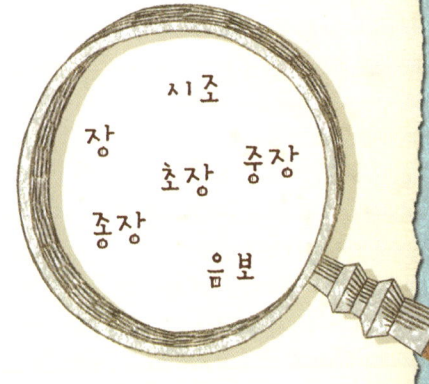

임 향한 일편단심이야 가실 줄이 있으랴

종장(시조의 마지막 줄)에서는 3/5/4/3의 글자 수를 지켜야 합니다.

 그런데 종장의 '일편단심이야'는 여섯 글자 아닙니까? 너무 긴장하셔서 실수라도 하신 건 아닙니까?

 허허, 나를 뭘로 보는 겐가? 시조는 3장 6구 45자 내외의 형식을 지켜야 하네. 물론 약간씩 달라질 수는 있네. 하지만 '임 향한'처럼 종장의 첫 음보는 반드시 세 글자로 시작해야만 하지. 이것만은 잊지 말게나.

운율

시를 읽을 때 느껴지는 말의 가락.

 시와 음악은 한 몸이었다

제우스는 기억의 여신 므네모쉬네를 찾아가 아홉 날을 함께 지냈어요. 그리고 둘 사이에서 아홉 자매가 태어나는데, 이들이 신들의 나라와 인간 세상의 온갖 예술을 담당하는 일을 맡은 무사이(mousai)예요. 영어로는 '뮤즈(muse)'라고 하지요.

첫째 클레이오는 역사, 둘째 우라니아는 천문학, 셋째 멜포메네는 비극, 넷째 탈리아는 희극, 다섯째 테릅시코레는 춤과 노래, 여섯째 폴뤼휨니아는 무용과 판토마임, 일곱째 에라토는 서정시, 여덟째 에우테르페는 유행가, 막내 칼리오페는 현악과 서사시를 맡았지요.

"뮤즈여, 내게 시를 지을 수 있는 반짝이는 영감을 주소서!"

고대 그리스 시인들은 시를 짓기 전에 반드시 뮤즈들에게 기도를 드렸어요. 그러면 뮤즈가 영감을 불어넣어 준다고 믿었거든요. 뮤즈 덕분에 인간 세상은 더 아름다워질 수 있었어요. 뮤즈들은 인간의 지혜와 솜씨, 용맹, 따스한 마음씨등을 칭송하며 노래를 불렀어요. 그러면 인간은 뮤즈들의 노래에서 위안을 얻고 힘들고 어려운 일을 이겨 낼 수 있었어요.

뮤즈들은 신들의 잔치에서 시와 음악으로 흥을 돋우는 일도 했어요. 시와 음악의 신 아폴론의 리라 연주에 맞추어 우아하게 춤추고 아름답게 노래했지요.

그러던 어느 날 아폴론과 막내 칼리오페가 사랑에 빠졌어요. 시와 음악의 신 아폴론과 현악과 서사시의 신 칼리오페 사이에서 태어난 오르페우스 역시 글과 음악에 천재적인 재능을 보였지요.

오르페우스의 리라 켜는 솜씨는 매우 훌륭했고 시 또한 잘 지었어요. 그가 노래를 부를 때면 성난

짐승도 숨을 죽인 채 귀를 기울였지요. 나뭇가지는 그가 있는 쪽으로 몸을 구부렸고 단단한 바위는 말랑말랑해졌다고 해요.

그리스 신화에서도 드러나듯 시와 노래는 긴밀한 관계를 맺고 있어요. 신들의 나라에서, 인간 세계에서 노래로 지어 부른 것들이 시가 되었지요.

시를 읽다 보면 마치 노래를 부르는 것 같은 느낌을 받을 때가 있어요. 그것은 시에 가락과 리듬이 있기 때문이에요. 이렇게 시가 음악과 같은 부드러운 흐름을 갖는 걸 '운율'이 있다고 해요.

시를 운율이 있는 언어로 표현하는 까닭은 시에 뮤즈의 숨결이 깃들어 있기 때문 아닐까요?

시를 왜 운율이 있는 언어로 표현할까요?

인류의 역사적인 기록 중에는 시의 형식을 갖춘 것이 많아요. 아주 오랜 옛날부터 사람들이 부르던 노래가 시가 되었기 때문이에요. 그리스 신화는 입에서 입으로 전해 내려오다 문자가 생겨나면서 시인들에 의해 서사시로 기록되었어요. 트로이 전쟁을 이야기한 〈일리아스〉, 오디세우스의 모험담인 〈오디세이아〉는 그리스 최고의 서사시로 평가받지요.

이렇게 운율을 살려 시를 읽으면 시의 내용과 아름다움을 더 잘 느낄 수 있을 거예요. 수학 공식은 외우기 힘들어도 유행가의 긴 랩은 쉽게 외워지잖아요. 그것은 랩에 리듬, 즉 '운율'이 있기 때문이랍니다.

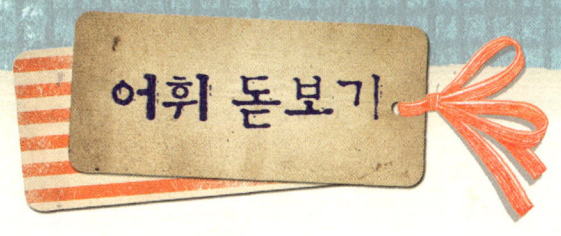

 운율은 어떻게 만들어질까?

엄마야 누나야

김소월

엄마야 누나야 강변 살자
뜰에는 반짝이는 금모래빛
뒷문 밖에는 갈잎의 노래
엄마야 누나야 강변 살자

운율이 있는 위의 시는 첫 행과 끝 행의 문장이 같아요. 비슷한 문장의 짜임을 반복하고, 각 행마다 글자 수를 비슷하게 맞추었지요. 이렇게 시어를 배열하면 일정한 규칙과 질서가 생겨나 운율이 살아나요. 운율을 만드는 방법에는 '퐁당퐁당'처럼 말을 반복하거나 '갈래갈래 갈린 길'처럼 같은 음을 반복하는 방법도 있어요.

그럼 이번에는 운율을 살려 읽으며 〈엄마야 누나야〉에 나타난 풍경을 떠올려 볼까요? 잔잔한 강물이 시의 운율에 맞추어 함께 찰랑이는 것 같아요. 가볍게 불어오는 바람에 갈잎이 리듬감 있게 흔들리는 것 같지 않나요?

이 시는 일정한 운율 때문에 더 안정감이 느껴져요. 시인이 노래하는 아름답고 평화로운 삶의 모습에 독자는 깊이 공감할 수 있지요. 운율이 잘 살아 있는 시는 독자에게 또렷하게 기억될 수 있답니다.

시조는 글자 수를 일정하게 배치해 운율을 만들어 내요. 이렇게 운율이 겉으로 드러나는 것을 '외형률'이라고 해요. 반면 정해진 규칙은 없지만 읽는 사람의 마음속에 운율이 자연스럽게 생긴다면 이는 '내재율'이 생겼기 때문이에요. 보통 산문시나 자유시에 내재율이 있다고 생각하면 된답니다.

심상

마음속에 그려지는 감각적인 느낌.

 ### 성냥팔이 소녀가 마음으로 그린 그림

매서운 바람이 부는 몹시도 추운 섣달그믐 밤이었어요.

"성냥 사세요! 성냥 사세요!"

한 소녀가 어두운 골목에서 성냥을 팔고 있었어요. 소녀는 얇은 옷 사이로 파고드는 차가운 바람에 몸을 더욱 작게 웅크렸어요. 집집마다 창문으로 밝고 따뜻한 불빛이 새어 나왔어요.

"성냥을 하나도 팔지 못했으니 이대로 집으로 돌아갈 수는 없어……. 하지만 너무 춥고 배가 고파……."

소녀는 꽁꽁 얼어 빨갛게 부어오른 손을 호호 불며 담벼락에 기대어 앉았어요. 그러고는 문득 생각난 듯 바구니에서 성냥 하나를 꺼내 벽에 대고 그었어요.

"아! 따뜻해!"

소녀는 작은 성냥 불빛에서 빨갛게 활활 타오르는 난로를 떠올렸어요. 하지만 성냥은 금세 타버리고 말았어요. 소녀는 다시 성냥에 불을 켰어요.

이번에는 소녀 앞에 맛있는 음식이 잔뜩 차려진 식탁이 펼쳐졌어요. 노릇노릇하게 구워진 거위 요리에서 김이 모락모락 나고 있었지요. 구수한 냄새가 콧속으로 가득 들어왔어요. 접시 위의 거위가 갑자기 접시에서 뛰쳐나오더니 소녀 앞까지 걸어왔어요. 소녀가 거위를 향해 손을 뻗는 순간 성냥은 다 타버리고 소녀는 어둠 속에 남겨졌어요.

소녀는 다시 성냥불을 켰어요. 그러자 눈앞에 커다란 트리가 나타났어요. 부잣집 창문 너머로 보았던 트리보다 훨씬 크고 아름다웠어요. 초록색 트리 위에서 수천 개의 촛불이 빛났어요. 트리 꼭대기에 있던 커다란 별 장식이 하

늘 높이 올라가 별이 되더니 긴 꼬리를 그리며 땅으로 떨어졌어요.

"별똥별이구나. 할머니는 별이 떨어질 때마다 누군가 죽어 영혼이 하늘로 올라가는 거라고 하셨는데."

소녀가 성냥불을 다시 켜자 할머니가 나타났어요. 소녀는 환하게 웃고 있는 할머니를 큰 소리로 불렀어요.

"할머니! 이 성냥불이 꺼지면 할머니도 함께 사라지겠죠? 떠나지 마세요! 저도 데려가 주세요!"

소녀는 할머니가 사라질 게 두려워 남은 성냥 모두에 불을 붙였어요. 환한 불빛 속에서 소녀는 할머니에게 와락 안겼어요. 엄마 품처럼 따스하고 다정했지요. 소녀는 할머니 품에 안긴 채 춤을 추며 하늘 높이 올라갔어요.

다음 날 아침, 소녀는 다 타버린 성냥과 함께 발견되었어요. 사람들은 소녀가 추운 몸을 녹이려고 성냥을 다 썼다고 생각했어요. 하지만 소녀는 성냥불 속에서 간절히 원하고 바라는 것들을 만날 수 있었어요. 소녀가 생생하게 떠올린 심상이 뭐였는지, 얼마나 밝은 빛 속에서 할머니와 함께 기쁜 새해를 맞았는지 아는 사람은 아무도 없었답니다.

성냥팔이 소녀가 떠올린 심상은 무엇인가요?

성냥팔이 소녀 앞에 나타난 장면들은 소녀가 과거에 보았거나 경험했던 것들을 생생하게 떠올린 거였어요. '노릇노릇하게 구워진 거위 요리가 차려진 식탁'이나 '엄마 품처럼 따스하고 다정했던 할머니의 품'처럼 말이에요. 이처럼 어떤 대상의 모습이나 느낌을 마음속으로 생생하게 그려 보는 것을 심상이라고 해요. 마치 눈앞에 보이는 것처럼 말이에요. 성냥불을 통해 심상을 떠올리듯, 시를 읽으면 다양하고 감각적인 심상을 떠올릴 수 있답니다.

 마음에 그리는 그림, 심상

다음 그림은 〈어린왕자〉의 첫 부분에 나오는 그림이에요. 여러분은 이 그림이 무엇을 그린 거라고 생각하나요?

많은 사람이 이 그림을 보고 중절모라고 대답했어요. 하지만 이 그림은 코끼리를 잡아먹은 보아뱀을 〈어린왕자〉의 작가 생텍쥐페리가 그린 것이랍니다.

생텍쥐페리는 어린 시절 원시림에 관한 책에서 "보아뱀은 먹이를 씹지 않고 통째로 삼킨다. 그러고는 그걸 소화하느라 꼼짝도 하지 않고 여섯 달 동안 잠을 잔다."라는 글을 보았어요. 그는 이 놀라운 이야기에서 코끼리를 소화하고 있는 보아뱀을 생각해 낸 것이지요. 그리고 사람들에게 이 그림이 무섭지 않냐고 물었어요. 하지만 사람들은 모자가 뭐가 무섭냐며 생텍쥐페리를 핀잔주었지요. 보아뱀에 관한 이야기를 알지 못하는 사람들의 눈에 그것은 신사들이 쓰는 중절모일 뿐이었으니까요. 만약 사람들이 생텍쥐페리의 그림을 보기 전 보아뱀이 코끼리를 잡아먹는 그림을 보았다면요? 그럼 그들의 눈에 모자 그림이 이렇게 보였을까요?

시는 시인이 언어로 그리는 그림이에요. 시를 읽고 떠올리는 이미지가 모두 다른 것은 저마다 경험과 정서가 다르기 때문이랍니다.

비유

어떤 현상이나 사물을 직접 설명하지 아니하고 다른 비슷한 현상이나 사물에 빗대어 설명하는 일.

 **빨간 머리 앤의 수다 비법**

앤은 매슈를 따라 마차가 있는 곳으로 걸어갔어요.

"앤은 아저씨가 절 데리러 와 주셔서 정말 기뻐요. 우리가 타고 갈 마차가 저거군요. 전 마차 타는 걸 좋아해요. 그렇지만 지금 무엇보다 좋은 건 이제부터 아저씨와 함께 가족이 된다는 사실이에요. 지금까지 가족이라고는 단 한 사람도 없었거든요. 고아원에서 지내는 건 정말 싫었어요. 스펜서 아주머니께서는 이런 말을 하는 것이 나쁘다고 하셨지만요. 그곳에서는 상상할 만한 것이 아무것도 없었어요."

소녀는 마차가 있는 곳에 도착해서야 이야기를 멈추었어요.

잠시 후 앤과 매슈가 탄 마차가 비탈진 언덕을 지났어요. 길 양쪽으로는 분홍꽃이 탐스럽게 핀 벚나무와 곧게 뻗은 자작나무가 줄지어 서 있었어요.

"정말 아름다워요. 이 나무들은 마치 새하얀 레이스를 달고 있는 것 같아요. 아저씨는 이걸 보고 무슨 생각이 떠오르세요?"

앤이 묻자 매슈가 머뭇거리며 대답했어요.

"글쎄……. 잘 모르겠구나."

"이 나무는 안개처럼 가볍고 새하얀, 아름다운 면사포를 쓴 신부예요. 아직 그런 모습을 한 번도 본 적이 없지만 충분히 상상할 수 있어요. 저도 언젠가는 그런 흰 옷을 입어 보고 싶어요. 아직 그렇게 예쁜 옷을 입어 본 적이 없으니까요. 오늘 아침 이 옷을 입고 고아원을 나올 때 너무 부끄러웠어요. 이 옷을 입고 기차에 탔더니 사람들이 불쌍하다는 듯 쳐다보는 것 같았거든요. 그래서 저는 제가 우아하고 아름다운 하늘색 비단옷을 입고, 멋진 깃털 장식이 달린 모자를 쓰고 있다고 상상했어요. 그랬더니 기분이 아주 좋아졌어요."

매슈는 그냥 지나치기만 했던 나무를 다시금 바라보며 앤의 비유가 적절하다고 생각했어요.

"참, 아저씨! 아저씨 집 근처에 시냇물이 흐른다면서요?"

"응. 집 아래쪽으로 흐르고 있단다."

"와! 멋져요! 제 꿈 중에 하나가 시내 근처에서 사는 거였어요. 꿈이 이루어지다니 정말 행복해요. 하지만…… 전 완전히 행복해질 수는 없을 거예요. 왜냐하면, 이것 좀 보세요. 제 머리카락이 무슨 색깔이라고 생각하세요?"

매슈는 쉽게 대답했어요.

"빨간색이로구나."

"에휴……. 맞아요. 빨간색이에요. 전 전혀 예쁘지 않아요. 그래도 얼굴에 난 주근깨는 장밋빛 얼굴로, 초록색 눈은 보랏빛 눈으로, 말라깽이 몸은 적당히 살이 오른 통통한 몸으로 상상하면 돼요. 하지만 이 홍당무 같은 빨간 머리카락은 어쩔 도리가 없어요. 아무리 검은 머리카락이라고 상상하려고 해도 슬픔으로 가슴이 터져 버릴 것 같거든요.

앤은 잠시 동안 말이 없었어요. 매슈는 그녀를 어떻게 달래야 할지 몰라 가만히 바라보기만 했어요.

 **빨간 머리 앤은 나무를 무엇에 비유했나요?**

루시 모드 몽고메리의 작품 〈빨간 머리 앤〉의 한 장면이에요. 앤과 매슈 아저씨가 처음 만나는 장면이지요. 매슈 아저씨는 끊임없이 조잘거리는 앤을 보며 정겨움을 느껴요. 앤이 말한 것 중에 "나무들은 마치 새하얀 레이스를 달고 있는 것 같아요." 또는 "이 나무는 안개처럼 가볍고 새하얀, 아름다운 면사포를 쓴 신부예요."처럼 다른 것에 빗대어 표현하는 것을 '비유'라고 해요. '하얀 꽃이 핀 나무'라고 표현하는 것보다 생생한 느낌이 들지요?

어휘 돋보기

 앤이 이야기하는 '비유와 상징'

안녕? 나는 상상하는 걸 무척 좋아하는 수다쟁이 빨간 머리 앤이야.

나는 상상한 것을 이야기할 때 비유적인 표현을 많이 사용해. 내가 상상한 모습이나 기분을 표현할 때 그것과 비슷한 다른 사물에 빗대어 표현하는 방법이지. 매슈 아저씨를 만났을 때 벚나무를 보고 "이 나무는 안개처럼 가볍고 새하얀, 아름다운 면사포를 쓴 신부예요."라고 말한 것처럼 말이야.

여기에서 '나무'는 원관념이고, 나무를 표현하기 위해 떠올린 '면사포를 쓴 신부'는 보조관념이라고 해. 아무리 상상하기를 좋아해도 원관념을 설명하기 위해 전혀 관계없는 보조관념을 떠올린다면 그건 곤란해. 보조관념은 원관념과 모양, 색깔, 성질 등이 비슷해야 하지. 그래야 원래 표현하려고 하는 '원관념'의 느낌을 더 잘 살릴 수 있을 테니까.

비유하는 방법도 여러 가지니까 참고해 두면 좋아.

우리 학교의 대단한 장난꾸러기 길버트는 내 머리카락을 보고 '홍당무 같은 빨간 머리카락을 가진 앤'이라고 놀렸어. 아휴, 생각만 해도 화가 나네! 이렇게 '~처럼, ~같이, ~같은, ~듯이, ~양' 등으로 연결해 빗대는 걸 직유법이라고 해.

직유법과 달리 원관념과 보조관념을 바로 연결해서 말하는 방법은 은유법이야. '이 나무는 아름다운 면사포를 쓴 신부예요' 같은 형태로 표현해.

동물이나 식물, 사물을 사람처럼 말하고 행동하도록 나타내는 표현 방법도 무척 재미있어. "꽃과 나무들이 '앤, 우리와 놀자.'하고 말해요."라고 하는 건 의인법을 사용해 표현한 거야.

추상적인 생각을 구체적인 사물로 나타내어 머릿속에 떠오르도록 하는 방법도 있어. 예를 들어 '비둘기'라고 하면 보통 새를 떠올리잖아. 동시에 '평화', '자유' 같은 걸 떠올리기도 해. 여기에서 '비둘기'는 평화와 자유의 상징이라고 볼 수 있어. 상징은 의미를 겉으로 드러내지 않고 넌지시 보여 주기만 할 뿐이야. 그래서 이 표현 방법을 쓸 때면 나는 왠지 시인이 된 것 같아.

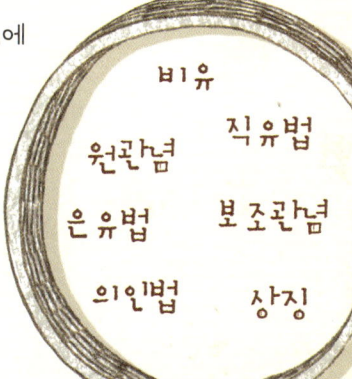

반어

표현의 효과를 높이고자
실제와 반대되는 뜻의 말을 하는 것.

 운수 좋은 날

　오늘은 인력거꾼 김 첨지에게 오래간만에 닥친 운수 좋은 날이었어요. 앞집 마나님을 문 안까지 모셔다 주고 삼십 전, 양복쟁이를 학교까지 태워다 주고 오십 전을 벌었으니까요. 아침부터 이러기란 흔치 않은 일이라 김 첨지는 눈물이 다 나올 뻔했어요. 이 돈이라면 술이라도 한 잔 할 수 있거니와, 앓는 아내에게 설렁탕 한 그릇도 사다 줄 수 있을 테니까요.
　김 첨지의 아내가 기침으로 쿨럭거리기는 벌써 한 달이 넘었지만 약 한 첩 써 볼 형편이 안 되었어요. 게다가 열흘 전, 김 첨지가 오래간만에 돈을 벌어 좁쌀을 사다 주었더니 그의 아내는 급한 마음에 채 익지도 않은 조밥을 허겁

지겁 먹다가 체하기까지 했어요. 그런 아내가 사흘 전부터 설렁탕이 먹고 싶다고 졸랐어요.

"조밥도 못 먹는 주제에!"

김 첨지는 아내에게 성질을 내 보았지만 못 사 주는 마음이 편하지는 않았지요.

양복쟁이를 내려 주고 돌아 나오는데 다른 손님이 인력거꾼을 불렀어요.

"남대문까지 얼마요?"

김 첨지는 잠깐 머뭇거렸어요. 이상하게도 꼬리에 꼬리를 물고 행운이 따라오자 덜컥 겁이 났거든요. 집을 나올 때 아내가 한 말이 귓가에 맴돌았죠.

"오늘은 나가지 말아요. 나가야 한다면 부디 일찍 들어와요……."

김 첨지는 아내 생각을 떨치며 손님에게 말도 안 되는 가격을 불렀어요.

"일 원 오십 전만 주십시오."

엄청난 액수에 손님은 고개를 갸웃했지만 기차 시간이 얼마 남지 않았다는 당부를 하며 인력거에 올랐어요.

비 오는 날에 진땅을 질척거리며 인력거를 끌어야 했지만 김 첨지는 오히려 나는 듯했어요. 손님을 내려 준 뒤에는 다른 손님을 인사동까지 태워 주고 육십 전을 또 손에 쥐었지요. 자꾸만 아내

의 울음 섞인 목소리가 들리는 듯하고, 빈 젖을 물고 칭얼댈 아기가 눈앞에 아른거렸지만 김 첨지는 머리를 흔들어 생각을 떨쳐냈어요.

김 첨지는 마침 길가 선술집을 지나다 친구 치삼이와 마주쳤어요. 훈훈한 선술집에 앉아 한 잔, 두 잔 비우다 보니 어느새 눈이 풀리고 몸이 말을 듣지 않게 되었지요. 김 첨지는 눈물을 뚝뚝 흘리며 치삼에게 말했어요.

"우리 마누라가 오늘 죽었다네. 하하! 아닐세. 죽긴 왜 죽어!"

"이 사람이, 참말을 하나 거짓말을 하나. 아내가 오랫동안 앓는단 말은 들었네만. 그러지 말고 이제 집으로 들어가게나."

김 첨지는 몇 번이고 "안 죽었어! 안 죽었대도!"라고 외치며 선술집을 나왔어요. 그러고는 잊지 않고 설렁탕을 사 가지고 집에 갔지요.

"남편이 왔는데 일어나지도 못해?"

김 첨지는 주정부리듯 누워 있는 아내의 다리를 걷어찼어요. 그러나 발에 닿는 느낌이 이상했어요. 몸을 흔들어 보고, 눈꺼풀을 뒤집어 보았지만 아내의 몸은 차갑게 굳어 있었어요. 김 첨지는 눈물을 뚝뚝 흘리며 반어적으로 말했어요.

"설렁탕을 사다 놓았는데 왜 먹지를 못하니! 괴상하게도 오늘은 운수가 좋더니만……."

김 첨지는 왜 반어적인 표현을 썼을까요?

김 첨지의 하루가 어땠나요? 행운이 꼬리를 물어 김 첨지는 하늘을 나는 듯 즐거운 마음으로 일했어요. 하지만 이런 상황이 오히려 아내를 죽음으로 모는 결정적인 원인이 됐어요. 김 첨지는 가족을 걱정하지만 늘 아내에게 퉁명스럽게 말해요. 현진건의 〈운수 좋은 날〉에서 김 첨지가 모처럼 맞는 '운수 좋은 날'은 그의 아내가 죽음을 맞이하는 가장 슬픈 날이 되었지요. 이런 반어적 상황과 표현이 당시 하층민의 삶을 더욱 비참하게 느끼게 해요.

 김 첨지의 아이러니와 거짓말쟁이의 패러독스

　표현의 효과를 높이고자 실제와 반대되는 뜻의 말을 하는 것을 '반어'라고 해요. 못난 사람을 보고 '잘났어'라고 하거나, 김 첨지의 하루처럼 가장 비극적인 날을 '운수 좋은 날'이라고 하는 것처럼 말이지요. 반어는 영어로 아이러니(irony)라고 해요.
　반어와 자주 혼동되는 것으로 '역설'이 있어요. 영어로는 패러독스(paradox)라고 하지요.

"나는 거짓말쟁이다."

　우리는 이 말을 믿어야 할까요? 그의 말이 참이라면, 그는 거짓말쟁이예요. 거짓말쟁이라면 그의 말은 거짓이 될 테고요. 그의 말이 거짓이면요? 그는 거짓말쟁이가 아니므로 그의 말은 참이 될 텐데 그럼 거짓말쟁이라는 이야기가 되죠?
　이처럼 참이라고도 거짓이라고도 말할 수 없는 모순된 문장이나 관계를 '역설'이라고 해요. 문학에서는 논리적으로는 맞지 않는 말을 통해 그 속에 중요한 뜻을 숨겨 표현하기도 하는데, 이를 역설법이라고 해요.
　'소리 없는 아우성'이라는 표현을 예로 들어 볼게요. '아우성'은 '떠들썩한 소리'인데 소리가 없다니, 뭔가 이상하지요? 논리적으로 맞지 않는 말이지만 왠지 '겉으로 표현하지 못하고 안으로 몸부림쳐야 하는 절실한 상황'이 떠올라요.

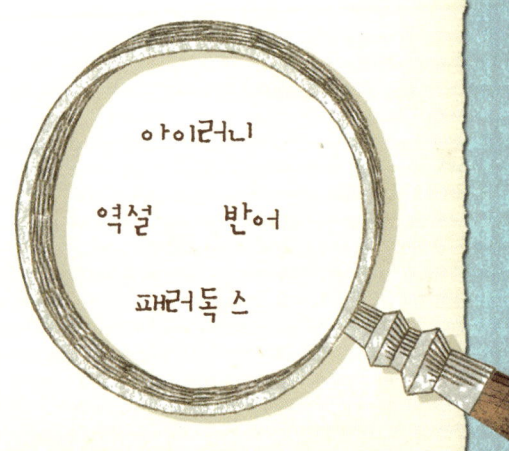

소설

현실에 있음직한 이야기를 상상해서 꾸며 쓴 글.

 이야기꾼 박 영감 오는 날

"아, 그때 심청의 목소리를 들은 심 봉사가 이게 꿈인가 싶어 심청의 얼굴을 더듬더듬 만져 보더니 '아이고 우리 청이가 맞구나!' 하는데 목소리가 파르르 떨려. 그런데 갑자기 심 봉사의 심장이 콩닥콩닥, 콧구멍이 벌렁벌렁하더니 두 눈이 번쩍 떠지는 게 아닌가! 심 봉사는 그제야 왕비가 된 심청의 곱고 고운 자태를 보며 '심청아!' 외치고, 심청은 '아버지!' 하며 둘이 그간의 모진 세월을 떠올리며 부둥켜안고 우는데!"

이쯤에서 박 영감이 들고 있던 부채를 '착!' 소리 나게 접으며 호흡을 가다듬었어요. 심 봉사가 눈을 뜨는 대목에서 아낙들은 기어이 옷고름을 말아 올

려 눈물, 콧물을 찍기 바빴고, 사
내들은 눈물을 들킬까 봐 괜히 '흠
흠' 헛기침을 하며 먼 산을 바라보았
어요.

 동네 사람들이 논일 밭일 다 제치고 이렇게 한자리에 모인 건 이야기꾼 박 영감이 오는 날이기 때문이었어요. 오늘 박 영감은 사람들에게 〈심청전〉을 들려주었어요. 이미 몇 번이나 들어서 줄거리를 훤히 꿰고 있는 사람도 있었지만, 박 영감이 들려주는 이야기는 듣고 또 들어도 재미있었지요. 박 영감이 이야기를 줄줄 풀어 놓기 시작하면 어떤 사람은 배를 잡고 웃으며 데굴데굴 굴렀고, 어떤 사람은 목 놓아 펑펑 울기도 했어요.

 박 영감은 한창 유행하는 〈홍길동전〉, 〈심청전〉, 〈춘향전〉, 〈서유기〉 등을 통째로 달달 외웠어요. 이야기를 외우는 재주도 좋지만 이야기를 맛깔나게 푸는 재주도 남달랐지요. 박 영감은 중요한 대목에서는 일부러 입을 꾹 다물고 등을 돌렸어요. 그러면 뒷이야기가 궁금해 조바심이 난 사람들이 앞다투어 박 영감 앞으로 동전을 던졌어요. 그제야 박 영감은 신명 나게 이야기를 이어 갔지요.

조선 시대에는 이렇게 이곳저곳을 떠돌며 사람들에게 이야기를 들려주는 일을 직업으로 삼는 사람이 있었어요. 이런 이야기꾼을 '전기수(傳奇叟)'라고 해요.

이즈음에는 '언문', 즉 한글로 쓰인 소설이 큰 인기를 끌었어요. 하지만 이야기책을 읽고 싶어도 글을 읽지 못하는 사람이 많았고, 글을 읽을 줄 알아도 책값이 워낙 비싸서 살 수가 없었어요. 그래서 사람들은 전기수가 들려주는 이야기를 통해 즐거움을 얻었어요.

이야기를 듣고 싶은 욕망은 나이와 성별과 신분을 가리지 않았어요. 아이들도 어른들 틈바구니에서 고개를 빼꼼히 내밀고는 이야기가 끝날 때까지 자리를 지켰어요. 양반들도 박 영감을 사랑방이나 규방으로 불러 이야기를 청해 듣고는 했답니다. 결국 전기수에 의해 소설이 널리 퍼지고, 독자층이 넓어지게 되었지요. 조선 후기에는 책을 빌려 주는 '세책방(貰冊房)'이라는 곳도 생겨났어요. 책을 읽으려는 독자가 많았다는 증거이지요. 사람들은 책을 빌리기 위해 돈뿐만 아니라 온갖 곡식과 비녀, 노리개 등을 갖다 주기도 했어요.

시대와 장소를 가리지 않고 사람들은 이야기를 원해요. 이야기를 듣고 싶어 하고, 책을 읽고 싶어 하는 건 이야기가 주는 감동과 즐거움이 무척 크기 때문이에요.

 전기수는 소설을 들려주는 직업이에요!

소설은 작가가 상상의 나래를 펼쳐서 실감나게 꾸며 쓰는 문학이에요. 실제로 일어나거나 경험한 일을 글로 옮기는 것이 아니라, 현실에 있음직한 이야기를 작가가 상상해서 꾸며 쓴 허구의 글이지요. 작가는 짜임새 있게 사건을 진행하면서도 형식과 내용의 아름다움을 추구해야 해요. 그럼으로써 독자는 소설 속에 깊이 빠져들게 돼요.

 이것만 기억하면 누구나 소설을 쓸 수 있다고?

영국의 유명 작가 조앤 롤링은 잠자리에서 아이들에게 들려주던 이야기를 글로 옮겨 책으로 펴냈어요. 이 작품이 바로 〈해리포터〉 시리즈예요. 마법 학교 호그와트를 배경으로 펼쳐지는 흥미진진한 모험 이야기이지만, 책에 흠뻑 빠져 읽다 보면 진짜로 어디선가 이런 일이 벌어질지도 모른다는 생각이 들기도 해요. 이것이 바로 이야기의 힘이지요.

조앤 롤링은 작가가 되기 전에는 평범한 엄마일 뿐이었어요. 그런데 조앤 롤링은 〈해리포터〉를 쓰기 시작하면서 이 세 가지는 꼭 기억했대요. 바로 소설의 3요소인 주제, 구성, 문체지요.

소설은 주제가 뚜렷하게 독자에게 전달이 되어야 해요. 주제란 작가가 작품을 통해서 나타내려고 하는 중심 생각을 말해요. 작가가 세상을 어떻게 바라보고, 무엇을 가치 있게 여기는지에 대한 작가의 생각이 잘 드러나야 하지요.

〈해리포터〉는 주인공 소년의 성장 이야기이면서도 선이 악을 이기고, 우정과 믿음, 사랑 등이 언제나 이긴다는 메시지를 주고 있어요. 작가가 어린 독자나 어른들에게 꼭 전하고 싶은 주제였을 거예요.

소설은 주제를 효과적으로 드러내기 위해서 일정한 사건에 따른 이야기의 흐름을 만들어야 해요. 이를 글의 구성, 구조, 또는 짜임이라고도 해요. 이야기를 제대로 전달하지 못하면 주제가 아무리 좋아도 독자는 이해하기 어려울 거예요.

〈해리포터〉의 각 시리즈는 해리포터가 호그와트 학교에서 마법을 배우며 자신의 부모님을 죽인 악의 세력, 볼드모트와 싸우는 이야기로 구성되어 있어요. 시리즈마다 이 구성을 유지하며 작거나 큰 사건들을 짜임새 있게 배치했지요. 이렇게 주제를 담고 있는 이야기를 하나의 흐름으로 짜는 것이 중요해요.

그리고 작가만의 독특한 글투나 표현 방식이 나타나는 게 좋아요. 이를 소설의 문체라고 해요. 문체를 통해 문장의 형식이나 됨됨이를 나타냄으로써 작가의 개성이 잘 드러나게 돼요.

구성

문학 작품에서 사건의 줄거리를 차례에 맞게 배열하여 얽어 짜는 일.

 이야기 속에 이야기가 담긴 〈아라비안나이트〉

페르시아의 왕 샤리야르는 사냥에서 돌아오는 길에 우연히 왕비와 흑인 노예가 사랑을 속삭이는 모습을 보았어요. 머리끝까지 화가 치민 왕은 그 자리에서 두 사람을 칼로 베어 버렸어요. 이때부터 왕의 마음은 여자에 대한 증오심으로 들끓었어요.

"나 샤리야르 왕은 하룻밤에 한 명의 여자를 아내로 맞을 것이다!"

이 일이 있은 뒤 왕은 하룻밤에 한 명씩 아내를 들인 후 그 다음 날 아침이면 사형에 처했어요. 말도 안 되는 법에 온 나라가 발칵 뒤집혔지요. 딸을 가진 부모들은 공포에 떨었고, 다른 나라로 도망치는 사람까지 있었어요.

나라가 공포로 가득한 어느 날, 재상의 큰딸 셰에라자드는 왕과 혼인하겠다고 스스로 나섰어요. 왕과 마주한 셰에라자드는 왕에게 간절히 부탁했지요.

"왕이시여, 오늘밤이 제게는 마지막 밤이라는 것을 알고 있습니다. 그러니 제가 사랑하는 제 여동생을 한 번만 만날 수 있게 해 주십시오."

왕은 셰에라자드의 마지막 부탁을 순순히 허락했어요. 왕이 배석한 가운데 언니를 마주한 동생 두니아자드는 언니가 궁궐에 들어오기 전에 미리 일러준 대로 말했어요.

"언니처럼 세상 모든 이야기를 꿰뚫고 있는 사람이 또 있을까! 왕께서 허락하신다면 마지막으로 언니가 들려주는 흥미진진한 이야기를 듣고 싶어."

귀가 솔깃해진 왕은 짐짓 무서운 목소리로 협박했어요.

"어디 한번 들어 보자. 하지만 그 이야기가 날 만족시키지 못한다면 당장 자매의 목을 벨 것이다!"

셰에라자드는 차분하게 입을 열었어요.

"옛날 어느 부잣집 상인이 사막을 지나고 있을 때였어요……."

왕은 셰에라자드의 이야기에 푹 빠져들었어요. 무릎을 탁 치기도 하고, 혀를 쯧쯧 차기도 했지요. 이야기를 듣는 동안 어느새 날이 환히 밝아 왔어요.

"이야기가 끝나지 않았으니 네 목숨이 내일까지는 붙어 있도록 해 주마."

사람들은 셰에라자드가 목숨을 건져서 무척 놀랐어요. 그날 밤에도 다음 날 밤에도 왕은 셰에라자드의 이야기를 들으며 밤을 지샜고, 이야기를 계속 듣고 싶어 셰에라자드의 사형을 계속 미루었어요.

셰에라자드는 이렇게 밤마다 왕에게 다양한 이야기를 들려주었어요. 천일 하고도 하루 동안 이야기를 들은 왕은 자신의 잘못을 뉘우치고 셰에라자드를 왕비로 맞아들였어요.

이렇게 셰에라자드가 1천 1일 동안 들려준 이야기를 엮은 것이 〈아라비안나이트〉예요. 그래서 〈천일야화〉라고도 불리지요. 주요 이야기만 180편, 거기에 100여 편의 짧은 이야기가 곁들여 있어요.

〈아라비안나이트〉의 중심 구성은 왕이 왕비에게 배신감을 느껴 하루에 한 명씩 여성을 죽이려고 하는 위험천만한 배경 속에서 셰에라자드라는 인물이 지혜롭고 현명하게 어려움을 극복하는 사건으로 이루어져 있어요. 이 큰 이야기의 줄기 속에 또 다른 이야기가 담겨 있어 작품을 읽는 재미를 더한답니다.

아라비안나이트의 구성을 이야기해 볼까요?

등장인물들이 벌이는 여러 사건을 짜임새 있게 엮은 것을 구성이라고 해요. 〈아라비안나이트〉는 이야기 속에 이야기가 들어 있는 액자식 구성을 취하고 있어요. 왕비의 부정으로 인해 분노에 사로잡힌 샤리야르 왕의 잘못을 현명한 여인 셰에라자드가 바로잡아 주는 큰 이야기(액자) 속에 셰에라자드가 들려주는 또 다른 이야기(그림)가 숨어 있어요.

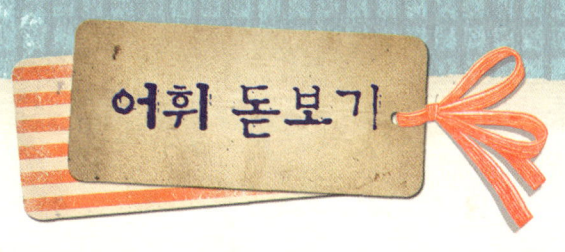

 여러 가지 재료로 끓인 돌멩이 수프

　전쟁이 끝나고 집으로 돌아가던 군인들은 배가 고파 작은 마을로 들어갔어요. 하지만 마을 사람들은 군인들에게 먹을 것을 나누어 주고 싶지 않아 음식 재료를 집 안에 꽁꽁 숨겨 놓았어요. 머리를 맞대고 궁리하던 군인들에게 좋은 생각이 떠올랐어요.

　"여러분! 저희는 무척 배가 고프지만 음식 재료를 구할 수 없으니 할 수 없이 돌멩이 수프를 만들어 먹기로 했습니다."

　군인들은 불을 지피고, 마을 사람들에게 빌린 커다란 솥에 물을 가득 부어 끓였어요. 그리고 끓는 물에 커다란 돌멩이 세 개를 집어넣었지요. 마을 사람들은 호기심 어린 눈을 반짝거리며 군인들을 지켜보았어요.

　"수프에는 소금과 후추를 넣어야 하는데……."

　그러자 마을 사람 중 한 명이 소금과 후추를 가져왔어요.

　군인들은 고맙다고 인사했지요. 그러면서 "당근과 감자가 있으면 더 맛있는 수프가 될 텐데." 하고 아쉬워했어요. 그러자 이번에도 몇몇이 집에 숨겨 놓았던 당근과 감자를 가져왔어요. 군인들은 "이제 고기와 우유만 있으면 임금님도 먹을 만한 맛있는 수프가 될 텐데."하며 또 아쉬워했어요. 그러자 사람들이 꽁꽁 숨겨 놓았던 고기와 우유를 가져와 솥에 넣었어요.

　돌멩이 세 개만으로 맛있는 수프를 만들 수는 없어요. 소설도 마찬가지예요. 소설이라는 요리를 완성시키려면 다양한 재료가 필요해요. 제각각인 재료가 하나의 맛을 내도록 구성하는 과정이 꼭 필요하지요. 특히 소설을 구성할 때에는 소설 구성의 3요소인 인물, 배경, 사건이 빠짐없이 들어가야만 해요.

*소설구성의 3요소
인물
배경 사건*

발단·전개·위기·절정·결말

이야기를 구성하는 다섯 단계.

 **당나귀를 팔러 간 아버지와 아들**

뙤약볕이 쨍쨍 내리쬐던 어느 날 당나귀를 장에 내다 팔려고 아버지와 아들이 길을 나섰어요. 아버지는 당나귀를 끌고, 아들은 그 뒤를 졸래졸래 따라갔지요. 나물을 캐던 처녀들은 그 모습을 보고 수군거렸어요.

"저기 저 사람들 좀 봐. 당나귀를 타고 가면 되지 왜 힘들게 끌고 간담!"

아버지는 처녀들의 말을 듣고는 부끄러워졌어요.

'그래 맞아. 당나귀는 원래 짐을 싣거나 사람을 태우는 동물이잖아.'

아버지는 당나귀 등에 아들을 태웠어요.

나무 아래에서 장기를 두던 노인들이 이 모습을 보고 혀를 찼어요.

"늙은 아비를 걷게 하고 어린 아들놈만 혼자 당나귀를 타고 가네. 쯧쯧!"

아버지는 노인들의 말이 옳다고 생각했어요. 그래서 아들을 내리고 자신이 당나귀에 올라탔어요.

이번에는 우물가에서 빨래를 하던 아낙들이 이 모습을 보았어요.

"세상에. 아들은 땀을 뻘뻘 흘리면서 걷고 아비란 사람 혼자 편하게 당나귀를 타고 가네. 어린 아들이 얼마나 힘이 들꼬!"

아버지는 아낙들의 말을 듣고 자기 뒤에 아들을 태웠어요.

아버지와 아들을 태운 당나귀는 힘에 부친 듯 비틀비틀 걸음을 옮겼어요. 그러자 한 농부가 아버지와 아들을 나무랐어요.

"두 사람이 당나귀를 타고 가다니. 당나귀가 가엾지도 않소!"

아버지와 아들은 농부의 말을 듣고 당나귀에서 내렸어요.

'그래. 이대로 가다가는 장에 가기도 전에 당나귀가 지쳐 쓰러질 거야.'

어찌할 바를 몰라 우물쭈물하는데 이 모습을 본 나그네가 말했어요.

"뭘 고민이시오. 당나귀를 매달고 가면 되지 않소."

아버지와 아들은 작대기에 당나귀를 매달아 어깨에 매고 갔어요. 헉헉 대며 걸음을 재촉하는데, 눈앞에 개울물을 가로지른 다리가 나타났어요. 아버지와 아들은 조심조심 다리를 건넜어요. 갑자기 당나귀가 '히힝' 울며 몸을 뒤틀자, 아버지와 아들은 균형을 잃고 개울물에 풍덩 빠지고 말았답니다.

이 이야기는 자기 의견 없이 다른 사람의 말만 듣다가 우스운 꼴을 당하는 아버지와 아들의 모습을 재미있게 보여 주고 있어요. 이야기가 진행될수록 아버지와 아들은 다른 사람의 말에 휘둘리다가 당나귀를 작대기에 매달아 들고 가는 상황에까지 놓이지요. 그러다 결국 개울물에 빠지는 결말을 맞아요. 이렇게 이야기는 원인과 결과가 잘 들어맞는 짜임새, 구성을 갖추고 있어요. 구성은 보통 '발단·전개·위기·절정·결말'의 다섯 단계로 이루어져요. 발단은 인물과 배경이 소개되고 사건의 실마리가 제시되는 단계예요. 전개는 사건이 시작되고 인물 간의 갈등이 나타나는 단계이며, 갈등이 심화되고 긴장감이 조성되는 단계는 위기, 갈등이 최고조에 이르는 단계는 절정이라고 하지요. 마지막으로 갈등이 해소되고 사건이 마무리되는 단계는 결말이에요.

위의 이야기를 '발단·전개·위기·절정·결말'로 나누어 볼까요?

아버지와 아들이 당나귀를 장에 팔기 위해 길을 나서는 이야기까지를 '발단'이라고 할 수 있어요. 이후 처녀들, 노인들, 아낙들, 농부가 차례로 아버지와 아들을 비난하는 사건이 '전개'되지요. 결국 사람들 말을 듣다가 아버지와 아들은 모두 당나귀에 올라타게 돼요. 당나귀가 힘들어 하며 비틀비틀 걷는 '위기' 상황에 빠지지요. 아버지와 아들은 당나귀를 매고 가기로 하는데 눈앞에 다리가 나타났어요. 이야기가 '절정'에 다다르는 장면이에요. 아버지와 아들이 조심스럽게 다리를 건너는데, 당나귀가 히힝 울며 몸을 뒤트는 순간 모두 개울물에 풍덩 빠지고 만답니다. 정말 안타까운 '결말'이 아닐 수 없어요.

 이야기의 뼈대를 만드는 법

아기 돼지 삼형제의 이야기를 들어 본 적이 있나요? 첫째 돼지는 지푸라기로 초가집을 짓고, 둘째 돼지는 나무로 집을 지었지요. 하지만 늑대가 입바람을 불자 모두 날아가 버렸어요. 반면 셋째 돼지는 벽돌로 집을 튼튼하게 지어 늑대의 입바람에도 끄떡하지 않았어요.

기초 공사가 튼튼해야 좋은 집을 지을 수 있는 것처럼 이야기의 뼈대를 잘 세워야 독자에게 감동과 즐거움을 주는 글이 돼요. 이를 '글을 구성한다'고 하지요.

구성을 할 때에는 인물의 성격을 만들거나 배경을 정하는 건 물론이고, 인물의 행동과 사건을 엮어 소설 전체를 짜임새 있게 설계해야 해요.

구성은 보통 '발단·전개·위기·절정·결말'의 다섯 단계로 이루어져 있고, 때로는 '기·승·전·결'의 방법을 사용하기도 해요. 이 구성 방법은 옛날 한시(漢詩)를 지을 때 사용하던 방법이에요.

앞에서 배운 〈토끼전〉을 기승전결의 구성 단계에 따라 나누어 볼까요?

기	이야기를 시작하는 단계 (용왕이 아파 토끼의 간을 구하러 가는 자라.)
승	이야기를 자세히 설명하는 단계 (자라가 토끼를 거짓으로 꾀어 용궁으로 데려감.)
전	내용을 전환해 주제를 부각시키는 단계 (토끼는 간을 육지에 두고 왔다며 꾀를 부려 도망감.)
결	주제를 정리하며 끝맺음 (자라가 땅을 치고 후회함.)

문학 작품 외에 주장하는 글 등을 쓸 때에는 '서론·본론·결론'의 구성 방법이 쓰여요. 어떤 종류의 글이든 글의 뼈대가 잘 세워진 글이 독자로부터 설득력을 얻을 수 있답니다.

기·승·전·결
서론·본론·결론

시점

소설에서 작가가 이야기를 서술하는 관점이나 방식.

 사랑손님과 어머니

다음 글은 〈사랑손님과 어머니〉라는 소설이에요. 소설의 시점을 설명하기 위해 필요한 부분을 원작에서 추렸답니다.

나는 금년 여섯 살 난 처녀애입니다. 내 이름은 박옥희이고요. 우리 집 식구라고는 세상에서 제일 이쁜 우리 어머니와 단 두 식구뿐이랍니다. …〈중략〉…
우리 어머니는, 그야말로 세상에서 둘도 없이 곱게 생긴 우리 어머니는, 금년 나이 스물네 살인데 과부랍니다. 과부가 무엇인지 나는 잘 몰라도, 하여튼 동리 사람들이 날더러 '과부 딸'이라고들 부르니까, 우리 어머니가 과부인

줄을 알지요. 남들은 다 아버지가 있는데, 나만은 아버지가 없지요. 아버지가 없다고 아마 '과부 딸'이라나 봐요. …〈중략〉…

그리고 우리 집 정말 식구는 어머니와 나와 단 둘뿐인데, 아버님이 계시던 사랑방이 비어 있으니까 그 방도 쓸 겸, 또 어머니의 잔심부름도 좀 해 줄 겸 해서 우리 외삼촌이 사랑방에 와 있게 되었대요.

금년 봄에는 나를 유치원에 보내 준다고 해서, 나는 너무나 좋아서 동무아이들한테 실컷 자랑을 하고 나서 집으로 돌아오노라니까, 사랑에서 큰외삼촌이──우리 집 사랑에 와 있는 외삼촌의 형님 말이야요.──웬 한 낯선 사람 하나와 앉아서 이야기를 하고 있었습니다. 큰외삼촌이 나를 보더니, "옥희야." 하고 부르겠지요. "옥희야, 이리 온. 와서 아저씨께 인사드려라." 나는 어째 부끄러워서 비실비실하니까 그 낯선 손님이, "아, 그 애기 참 곱다. 자네 조카딸인가?" 하고 큰외삼촌더러 묻겠지요. 그러니까 큰외삼촌은, "응, 내 누이의 딸……. 경선 군의 유복녀 외딸일세." 하고 대답합니다. …〈중략〉…

나는 이 낯선 손님이 사랑방에 계시게 된다는 말을 듣고 갑자기 즐거워졌습니다.

어느 날은 점심을 먹고 이내 살그머니 사랑에 나가 보니까, 아저씨는 그때야 점심을 잡수셔요. 그래 가만히 앉아서 점심 잡숫는 걸 구경하고 있노라니까 아저씨가, "옥희는 어떤 반찬을 제일 좋아하누?" 하고 묻겠지요. 그래 삶은 달걀을 좋아한다고 했더니, 마침 상에 놓인 삶은 달걀을 한 알 집어 주면서 나더러 먹으라고 합니다. 나는 그 달걀을 벗겨 먹으면서, "아저씨는 무슨 반찬이 제일 맛나우?" 하고 물으니까, 그는 한참이나 빙그레 웃고 있더니, "나두 삶은 달걀." 하겠지요. 나는 좋아서 손뼉을 짤깍짤깍 치고, "아, 나와 같네. 그럼, 가서 어머니한테 알려야지." 하면서 일어서니까, 아저씨가 꼭 붙들면서, "그러지 말어." 그러시겠지요. 그래도, 나는 한번 맘을 먹은 다음엔 꼭 그대로 하고야 마는 성미지요. 그래서 안마당으로 뛰어들어가면서, "엄마, 엄마, 사랑 아저씨두 나처럼 삶은 달걀을 제일 좋아한대." 하고, 소리를 질렀지요. "떠들지 말어." 하고, 어머니는 눈을 흘기십니다. 그러나 사랑 아저씨가 달걀을 좋아하는 것이 내게는 썩 좋게 되었어요. 그것은 그 다음부터는 어머니가 달걀을 많이씩 사게 되었으니까요. 달걀 장수 노파가 오면, 한꺼번에 열 알도 사고 스무 알도 사고, 그래선 두고두고 삶아서 아저씨 상에도 놓고, 또 으레 나도 한 알씩 주고 그래요. 그뿐만 아니라 아저씨한테 놀러 나가면, 가끔 아저씨가 책상 서랍 속에서 달걀을 한두 알 꺼내서 먹으라고 주지요. 그래, 그 담부터는 나는 아주 실컷 달걀을 많이 먹었어요.…〈후략〉….

〈사랑손님과 어머니〉는 옥희의 시점으로 쓰였어요!

주요섭의 〈사랑손님과 어머니〉는 어머니와 사랑손님인 아저씨 사이에서 오가는 미묘한 사랑의 마음을 어린아이의 말투로 보여 주고 있어요. 옥희의 순수하고 천진난만한 시선과 말투를 통해 어머니와 아저씨의 사랑을 순수하고 아름답게 느낄 수 있어요. 이렇게 작품에서 이야기를 들려주는 이의 위치나 태도를 '시점'이라고 해요.

어휘 돋보기

 시점과 화자

앞의 〈오성과 한음의 감나무 이야기〉에서 보았듯이 하나의 사건은 보는 사람의 관점에 따라 크게 달라질 수 있어요. 문학 작품을 쓸 때에도 마찬가지예요. 작가가 이야기를 서술하는 관점이나 방식에 따라 이야기의 분위기가 확 달라진답니다.

〈사랑손님과 어머니〉를 쓴 작가는 실제로 여섯 살 난 여자아이가 아니에요. 하지만 마치 여섯 살 여자아이처럼 글을 썼어요. 왜냐하면 여섯 살 난 여자아이가 말하는 듯 써야 어머니와 사랑손님의 사랑이 더욱 순수하게 표현되리라 판단했기 때문이에요.

이렇게 작품 속에서 '말하는 이', 즉 작품에 나오는 등장인물의 행동과 사건 등을 이야기하는 사람을 '화자'라고 해요. 화자는 작가가 작품을 이끌어 나가기 위해 내세운 허구의 인물이에요. 그리고 화자는 이야기 안에 등장할 수도 있고, 이야기 밖에 있을 수도 있어요.

이야기를 '누가 바라보느냐'는 건 무척 중요한 문제예요. 독자들이 옥희의 눈을 따라 사랑손님과 어머니를 관찰했듯이 '바라보는 이'의 눈이 곧 독자의 눈이 될 수 있기 때문이에요. 이처럼 작품의 시점은 작가가 될 수도 있고, 소설 속의 주인공이나 주인공 이외의 주변 인물 중 한 사람이 될 수도 있어요.

다음은 화자와 시점 간의 관계를 정리한 표예요.

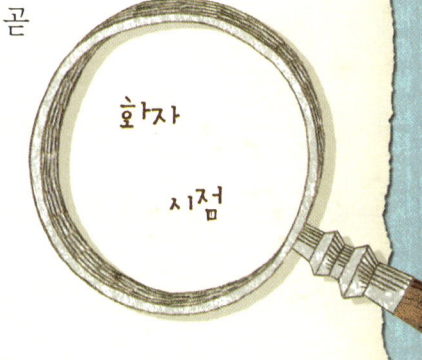

화자가 작품 안에 있을 때	1인칭 주인공 시점 (주인공 = 화자)	1인칭 관찰자 시점 (주인공 ≠ 화자)
화자가 작품 밖에 있을 때	전지적 작가 시점 (작가 = 화자)	3인칭 관찰자 시점 (작가 ≠ 화자)

묘사

어떤 사물에 대해 그림을 그리듯이 생생하게 표현하는 것.

 황소를 만난 개구리

새끼 개구리들이 소풍을 갔어요. 태어나서 처음으로 연못 밖으로 나온 새끼 개구리들은 개골개골 즐겁게 노래를 부르며 뛰어다녔어요.
"앗! 저게 뭐야!"
새끼 개구리들은 들판에서 풀을 뜯는 커다란 황소를 보았어요.
"정말 커다랗다!"
"개구리는 아닌 것 같아."
"저게 무슨 동물인지 아빠한테 물어보자!"
새끼 개구리들은 부리나케 연못으로 돌아와 아빠에게 들판에서 본 동물에

대해 이야기했어요.
"아빠. 그 동물은 머리에 커다란 뿔이 있었어요."
그러자 아빠 개구리가 앞발을 머리 위로 올렸어요.
"이렇게 말이지? 또?"

"그리고 몸이 엄청 컸어요."
새끼 개구리들의 말에 아빠 개구리는 배를 불룩하게 부풀려 보았어요.
"이 정도로 크더냐?"
새끼 개구리들이 고개를 절레절레 저었어요.
"아니요. 그 동물의 발굽이 아빠만 했어요."
아빠 개구리는 배를 더욱 크게 부풀려 보았어요.
"이 정도로 크더냐?"
"아니요. 훨씬 더 커요."
아빠 개구리는 도대체 그 동물이 무엇인지 무척 궁금했어요. 그래서 숨을 더 들이쉰 후 잔뜩 부푼 배를 가리켰어요.
"이 정도로 크더냐?"
새끼 개구리들은 다시 고개를 저었어요.
"아니요. 그것보다 훨씬 더 커요."
아빠 개구리는 안간힘을 쓰며 배를 더 부풀렸어요.

"어때? 이 정도로 컸겠지?"
새끼 개구리들이 모두 큰 소리로 대답했어요.
"아니요. 그것보다 훨씬 커요."
"뭐라고?"
아빠 개구리는 눈을 부릅뜨고, 똥구멍에 힘을 꽉 주고, 온 힘을 다해 배를 부풀린 채 말했어요.
"묘사를 좀 해 봐. 크다는 말만 하지 말고."
그러다가 아빠 개구리의 배가 '뻥' 하고 터졌대요.

 내가 새끼 개구리였다면 황소를 어떻게 묘사했을까요?

묘사란 어떤 대상이나 사물, 현상을 말이나 글로 서술하거나 그림을 그려서 자세하게 표현하는 것을 말해요. '머리 위에 뿔이 두 개 있고, 눈동자가 크고 속눈썹이 무척 길어요. 몸집이 크고 털이 불그스름한 갈색이며, 가늘고 긴 꼬리 끝에는 빗자루처럼 생긴 갈기털이 있어요. 꼬리를 움직여서 몸에 붙은 벌레를 쫓기도 해요. 다리는 네 개이고, 네 발에 큰 발굽이 달려 있어요.' 이렇게 자세히 묘사했다면 아빠 개구리는 그 동물이 황소임을 알았겠지요.

어휘 돋보기

 그림을 그리는 것처럼 묘사하기

　빨간 망토를 입은 소녀는 바구니를 손에 꼭 쥐고 집을 나섰어요. 할머니께 바구니에 든 음식을 갖다 드려야 하거든요. 소녀는 할머니의 설명을 떠올리며 숲 속 한가운데에 있는 할머니의 집으로 향했어요. 그런데 그때였어요. 소녀가 종종걸음으로 숲을 지나는데, 늑대가 나타났어요!

　"크르릉! 어딜 가는 거지?"

　"저리 비켜. 난 할머니께 이 음식을 가져다 드려야 해."

　늑대는 웬일인지 순순히 물러났어요. 욕심 많은 늑대는 미리 소녀의 할머니 집에 가서 할머니를 잡아먹고, 소녀도 잡아먹고, 소녀의 바구니에 든 음식까지 먹어 치울 생각이었거든요.

　할머니 집에 도착한 소녀는 침대 위에 누워 있는 할머니께 인사했어요.

　"아가, 어서 온. 크릉."

　"할머니 목소리가 이상하네. 오늘따라 목소리가 왜 이리 굵지?"

　늑대가 대답했어요.

　"콜록콜록. 감기에 걸려서 그렇단다."

　그러면서 늑대는 손을 내밀어 소녀의 손을 잡으려고 했어요. 소녀는 할머니의 손을 보며 뒤로 한 걸음 물러섰어요.

　"할머니 손은 작고 주름이 많잖아요. 손톱은 늘 바싹 깎고, 손가락에는 반지가 끼워져 있었어요. 그런데 오늘은 왜 손톱이 날카롭죠? 게다가 털도 잔뜩 났잖아요?"

　소녀가 할머니의 모습을 묘사하자 늑대는 이번에도 변명을 했어요.

　"우리 손녀를 따뜻하게 쓰다듬기 위해서지."

　뭔가 이상하다고 생각한 소녀는 얼른 문을 열고 뛰쳐나오면서 "늑대가 나타났다!" 하고 외쳤답니다.

　빨간 망토를 입은 소녀는 할머니의 모습을 그림을 그리는 것처럼 또렷하게 묘사했어요. 이렇게 묘사를 할 때에는 대상을 정확하게 관찰한 후 본 대로, 들은 대로, 느낀 대로 표현해야 해요.

희곡

무대에서 공연하기 위해 쓰인 연극의 대본.

 ## 시대를 넘어 사랑받는 셰익스피어의 희곡

막이 내리자 연극을 관람한 사람들이 자리에서 일어나 박수갈채를 쏟아 냈어요. 공연을 끝낸 체임벌린 극단 사람들은 모든 게 꿈만 같았어요. 엘리자베스 여왕 앞에서 〈한여름 밤의 꿈〉을 공연하다니요! 이 공연의 대본, 즉 희곡을 쓴 작가는 무대 뒤에서 엘리자베스 1세 여왕의 만족스러운 미소를 보고는 가슴을 쓸어내렸어요.

"누가 작품을 썼다고요?"

"셰익스피어라는군요!"

1590년경 런던에 온 지 얼마 안 된 풋내기 셰익스피어는 체임벌린 극단에 들어와 허드렛일을 하며 어깨 너머로 연극을 배웠어요. 작은 역할을 맡아 배우로 연기해 보기도 했지만, 셰익스피어는 희곡을 쓰는 일에 재능을 보였어요.

당시 영국은 엘리자베스 1세 여왕이 다스리고 있었어요. 여왕은 영국을 세계에서 가장 힘센 나라로 만들었고, 문화와 예술을 꽃피웠어요. 그런 이유로 런던에서는 공연 문화가 무척 발달했지요. 이즈음 셰익스피어는 본격적으로 희곡을 쓰기 시작해 〈헨리 6세〉라는 작품으로 인기를 얻으며 이름을 알렸어요.

얼마 뒤 페스트가 유럽 전역에 휩쓸고 지나갔어요. 유럽 인구의 3분의 1이 목숨을 잃은 무시무시한 전염병이었지요. 공포로 가득한 영국 런던에 셰익스피어의 작품은 사람들의 마음을 적셔 주는 하나의 단비였어요. 특히 그의 희곡(웃음을 주기 위한 경쾌한 내용의 희곡)은 사람들이 고통을 극복해 내는데 큰 역할을 했지요.

셰익스피어는 〈한여름 밤의 꿈〉, 〈말괄량이 길들이기〉, 〈베니스의 상인〉, 〈뜻대로 하세요〉, 〈십이야〉, 〈로미오와 줄리엣〉 등의 희곡을 발표하면서 영국 최고의 극작가로 자리 잡았어요.

그중 〈한여름 밤의 꿈〉은 영국 왕실의 초청을 받아 엘리자베스 여왕 앞에서 공연하기도 했어요. 여왕은 "국가를 모두 넘겨 주는 한이 있

더라도 셰익스피어 한 명만은 못 넘긴다."라고 말할 정도로 셰익스피어를 아꼈다고 해요.

하지만 셰익스피어는 부모님과 자식의 연이은 죽음, 그를 아끼던 엘리자베스 1세 여왕의 죽음까지 가슴 아프고 불안한 시기를 겪었어요. 그러면서 작품에 변화가 찾아왔어요. 이때 발표되어 상연된 작품이 셰익스피어의 4대 비극으로 유명한 〈햄릿〉, 〈오셀로〉, 〈리어왕〉, 〈맥베스〉랍니다.

셰익스피어가 등장하기 전에는 역사를 소재로 한 희곡이 대부분이었어요. 하지만 뛰어난 이야기꾼인 셰익스피어는 그런 흐름을 바꾸었어요. 그의 작품에는 다양한 인물들이 등장하는데, 그들이 내뱉는 대사들은 시나 음악처럼 아름다웠고, 삶을 명쾌하게 꿰뚫는 통찰을 보여 주었어요. 희곡으로서도, 그 희곡이 무대 위에서 공연될 때에도 그의 작품은 언제나 빛났답니다. 이것이 바로 400여 년이 지난 지금까지도 셰익스피어의 희곡이 인기 있는 이유겠지요.

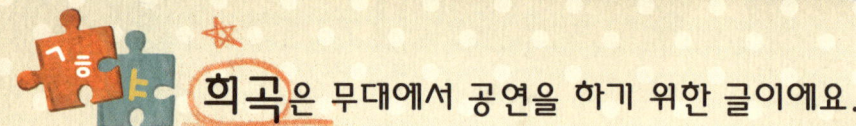

희곡은 무대에서 공연을 하기 위한 글이에요.

'최고의 극작가'라 불리는 셰익스피어는 뛰어난 희곡 작품을 많이 남겼어요. 희곡은 무대에서의 공연을 목적으로 쓰인 연극의 대본이에요. 그 내용은 소설과 마찬가지로 인물, 사건, 배경으로 이야기가 구성되지요. 희곡은 대사를 통해 인물의 마음 상태나 성격이 드러나고 사건이 전개되지요. 형식은 다르지만 희곡 또한 다른 문학 작품과 마찬가지로 우리 삶의 모습을 담고 있어요. 문학 작품으로서 희곡을 읽는 것도 좋고, 공연장을 찾아 공연을 보는 것도 좋은 경험이 될 거예요.

어휘 돋보기

 무대에서 펼쳐지는 이야기, 희곡

지방의 작은 도시에서 태어난 셰익스피어는 런던의 유명 극단에 들어가면서부터 연극계에 발을 디뎠어요. 그는 무대를 만들고 극장을 청소하며 희곡 작가가 되겠다는 꿈을 키웠지요. 과연 그의 마음을 사로잡은 '희곡'이란 어떤 것일까요?

희곡은 연극을 공연하기 위해 쓴 글이에요. 소설과 마찬가지로 글쓴이의 상상으로 꾸며 낸 이야기지요. 그 안에는 삶의 다양한 모습이 담겨 있어요.

희곡에서는 인물의 행동과 대사를 통해 갈등이 드러나고 사건이 전개돼요. 그래서 인물의 움직임이나 표정을 설명하는 글인 지문이 중요하지요. 또한 무대 장치나 소도구 같은 무대를 설명하는 무대 지시문 역시 필수적이랍니다.

따라서 희곡을 읽을 때에는 무대가 어떻게 꾸며졌을지 상상하고, 인물들의 표정이나 움직임 등을 상상하며 읽는 게 좋아요. 인물의 대사, 표정 등을 고려하며 꼼꼼히 읽다 보면 인물의 세밀한 감정까지도 함께 느낄 수 있을 거예요.

희곡에서는 하나의 장면을 '장'이라고 해요. 보통 인물이 등장하고 연기를 펼친 뒤 퇴장하면 장이 끝나요. 다음 장에서는 등장인물이나 배경이 바뀌기도 해요.

여러 개의 장이 모이면 '막'이 돼요. 막은 보통 커튼이 열리면서 시작되지요. 하나의 막이 끝나면 다시 막이 내려와요. 여러 개의 막으로 이루어진 작품도 있고, 하나의 막으로만 이루어진 '단막극'도 있어요.

희곡을 더 재미있게 즐기려면 극장을 찾아 연극을 관람해 보세요. 직접 연극을 해 보는 것도 흥미로운 경험이 될 거예요.

장 막 행동 지문 무대 지시문 갈등 대사 단막극

가로 & 세로 퀴즈로 풀어 보는
십자말 풀이

정답 192쪽

가로

1 어떤 현상이나 사물을 직접 설명하지 않고 다른 비슷한 현상이나 사물에 빗대어 설명하는 일. '○○와 상징'

2 시에서 운율을 이루는 기본 단위. 시조에서 종장의 첫 ○○는 반드시 세 글자로 시작해야 해요.

3 운율을 지닌 글. 대표적으로는 시가 있어요. 산문 문학의 반대말.

4 하나의 막으로만 구성된 희곡.

5 소설에서 이야기를 하는 방식이나 관점. '사랑 손님과 어머니는 옥희의 ○○으로 이야기가 진행돼요'

6 행과 연의 구분이 없이 줄글로 풀어 쓴 시.

7 문학 작품을 구성하는 다섯 단계. 발단-○○-위기-절정-결말.

8 표현의 효과를 높이기 위하여 실제와 반대되는 뜻의 말을 하는 것. 이를 영어로 ○○○○라고 해요.

9 김 첨지의 하루를 통해 당시 하층민의 삶을 비참하게 그린 현진건의 작품 제목.

10 시에서 정해진 규칙이 없이 읽는 사람의 마음속에 자연스럽게 느껴지는 운율.

11 마음속에 그려지는 감각적인 느낌. 영어로 이미지라고 해요.

12 비유법 중에서 동물이나 식물, 사물을 사람처럼 말하고 행동하도록 나타내는 표현 방법.

세로

1 외형적 규범에 얽매이지 않고 자유로운 문장으로 쓴 글. 소설, 수필이 여기에 속하지요.

2 행복했던 주인공이 불행해지는 것으로 결말이 나는 희곡의 한 갈래. '셰익스피어의 4대 ○○'

3 비유에서 원래 표현하려고 하는 대상을 표현하기 위해 끌어온 대상.

4 고려 말기에 정몽주가 이방원의 <하여가>에 답하여 지은 시조로 고려에 대한 충성을 담았어요.

5 <천일야화>라고도 알려졌으며 아랍 지역에서 전해오던 이야기를 엮은 작품.

6 희곡에서 무대나 등장인물, 시간, 장소 등을 설명하는 글.

7 시를 짓는 사람을 ○○이라고 해요.

8 조선 시대에 이곳저곳을 떠돌며 사람들에게 이야기를 들려주는 일을 직업으로 삼던 사람.

9 어떤 사물에 대해 그림을 그리듯이 생생하게 표현하는 것.

10 시를 읽을 때 느껴지는 말의 가락.

11 ~처럼, ~같이, ~같은 등 연결어를 사용하지 않고 바로 연결해서 표현하는 방법. '나무는 아름다운 면사포를 쓴 신부'는 ○○○을 쓴 표현 방법이에요.

12 추상적인 사물이나 생각을 구체적인 사물로 나타내는 일. '비둘기는 평화의 ○○'

05 논술에 필요한 어휘

분류 & 분석

정의 & 오류

유추

주장과 논거

주장 : 자신의 의견이나 생각을 굳게 내세움.
논거 : 어떤 이론이나 논리, 논설에 대한 근거.

 솔로몬의 지혜

먼 옛날 이스라엘의 왕 솔로몬은 뛰어난 지혜로 이름이 높았어요. 그래서 사람들은 자신의 힘으로 풀 수 없는 어려운 문제가 생길 때마다 솔로몬을 찾았어요.

어느 날 두 명의 여인이 갓난아기를 데리고 솔로몬을 찾아왔어요. 첫 번째 여인이 입을 열었어요.

"며칠 전 저와 이 여인은 같은 날에 아이를 낳았습니다. 그런데 이 여인이 실수로 아이를 잃고 말았습니다. 그러자 제가 잠시 자리를 비운 사이 제 집에 들어와 제 아이의 요람에 죽은 자기 아이를 두고 제 아이를 데려갔습니다.

그러고는 자신이 아이의 엄마라고 우기고 있습니다. 지혜로운 솔로몬 왕이시여, 제발 제 아이를 돌려받을 수 있게 도와주십시오."

그러자 두 번째 여인이 화를 버럭 냈어요.

"아닙니다. 저 여인의 말은 모두 거짓말입니다. 자기 아이가 죽자 정신이 나가서 제 아이를 자신의 아이라고 우기는 것입니다. 지혜로운 솔로몬 왕이시여, 제발 저 여인을 혼내 주세요."

아이는 한 명인데 엄마는 두 명이라니! 들도 보도 못한 기묘한 이야기에 구경꾼들은 술렁거렸어요. 아무리 지혜가 뛰어난 솔로몬 왕이라도 이번은 힘들 것 같다며 고개를 절레절레 흔드는 사람도 있었어요. 왕도 전에 없이 깊은 고민에 빠졌어요.

잠시 후 왕이 무거운 목소리로 판결을 내렸어요.

"이 문제는 나도 도저히 해결할 수가 없구나. 안 된 일이지만 공평하게 아기를 칼로 똑같이 반으로 잘라 두 여인에게 주도록 하라."

그런데 그 말을 들은 첫 번째 여인이 갑자기 공포에 질려 몸을 사시나무 떨 듯 떠는 게 아니겠어요. 그러더니 눈물을 쏟으며 말했어요.

"그렇게 하면 아기는 죽고 말 것이 아닙니까? ……제가, 제가 잘못했습니다. 차라리 아기를 포기하겠습니다."

그 말을 들은 솔로몬 왕이 미소를 띠면서 아기를 첫 번째 여인의 품에 안겨 주었어요.

"이 아이의 어미는 바로 너다."

왕의 주장에 두 번째 여인이 화가 나 소리를 질렀어요. 그러자 왕이 엄하게 꾸짖었어요.

"어머니가 무엇이더냐. 아이의 작은 생채기에도 마치 자신의 살점이 떨어져나가는 듯한 고통을 느끼는 존재가 아니더냐. 친어머니라면 아기가 둘로 잘리느니 자신이 아기를 포기하고 아기를 살리는 길을 택할 것이다. 첫 번째 여인은 그리 했건만, 너는 눈물 한 방울도 흘리지 않았다. 그러니 이 아기의 친어머니는 바로 첫 번째 여인이다."

솔로몬 왕의 논거에 반박할 수 없었던 두 번째 여인은 감옥에 들어가 벌을 받았어요. 첫 번째 여인은 아기를 안고 자신의 집으로 돌아갔죠. 그 모습을 지켜본 구경꾼들은 솔로몬 왕의 지혜를 찬양했어요.

솔로몬 왕의 판결을 주장과 논거로 나누어 볼까요?

솔로몬 왕은 첫 번째 여인이 아기의 어머니라고 주장했어요. 사람들은 모두 깜짝 놀랐지요. 하지만 '아기의 고통을 참을 수 없는 자가 친어머니다'라는 논거가 뒷받침되자 모두 수긍했어요. 만약 타당한 논거가 없었다면 솔로몬의 주장이 사실이라 해도 두 번째 여인은 절대 자신의 죄를 인정하지 않았을 거예요.

지금이라면 유전자 검사를 통해 쉽게 밝혀 낼 수 있는 문제지만 당시는 그런 과학 기술이 없었어요. 하지만 솔로몬 왕은 논리적 사고로 그 어려운 문제를 풀어 냈어요. 논리적 사고가 중요한 까닭을 잘 알겠지요?

어휘 돋보기

 논술은 문제를 해결하는 글

조선 시대에는 '과거'라는 시험 제도가 있었어요. 당시 양반들에게 과거 급제는 가장 큰 목표이자 간절한 꿈이었어요. 반드시 과거에 급제해야 관리로 임명되었기 때문이에요. 그런데 이 과거 급제를 하기 위해서는 마지막에 꼭 통과해야만 하는 최종 시험이 있었어요. 바로 '책문'이라는 시험이었죠.

책문은 왕이 직접 나와 문제를 냈어요. 응시자들은 왕 앞에서 시험을 치렀지요. 문제의 내용은 대개 당시 조선 사회에 가장 시급한 문제의 해결 방법을 묻는 것이었어요. 그럼 응시자들은 그에 대해 자기 나름대로의 주장을 적절한 논거를 세워 글로 썼어요. 개중에는 길이가 무려 12미터나 되는 답안도 있었다고 해요. 그런데 이 시험, 뭔가 익숙하지 않나요? 그래요, 책문은 바로 조선 시대의 논술 시험이었어요. 〈사서삼경〉, 〈논어〉, 〈수학〉, 〈대학〉과 같은 수많은 경전을 십 년 넘게 읽었던 이유가 책문 시험을 볼 때 더 정확한 논거를 제시하기 위해서였던 것이에요.

프랑스에서 고등학교를 졸업하려면 '바칼로레아'라는 시험을 꼭 봐야 해요. 만약 통과하지 못하면 고등학교를 졸업할 수도, 대학교에 진학할 수도 없는 중요한 시험이죠. 그런데 독특한 점이 바칼로레아는 모든 시험이 논술로 이루어져요. 1808년부터 시행되어 200년이 넘는 역사를 자랑하는 바칼로레아는 '논술의 원조'라고 불리기도 하지요.

조선 시대에 책문을 최종 시험으로 채택하고, 프랑스에서 고등학교 졸업 시험으로 바칼로레아를 보는 이유는 무엇일까요? 응시자가 자신의 생각을 정확한 논거에 담아 주장할 수 있는지를 판단하기 위해서예요. 논리적인 사고를 하지 못한다면 아무리 지식이 풍부하다고 해도 소용없을 테니까요.

우리나라도 논술 시험의 비중이 점점 높아지고 있어요. 그러니 지금부터 주장을 정확한 논거로 이야기하는 습관을 키우도록 해요.

비교와 대조

비교 : 둘 이상 사물의 공통점을 밝히는 일.

대조 : 둘 이상 사물의 차이점을 밝히는 일.

 레오나르도 다 빈치 VS 미켈란젤로

이탈리아 르네상스를 대표하는 화가를 뽑자면 누가 있을까요? 훌륭한 화가들이 너무 많아서 고르기가 힘들 거예요. 그래도 레오나르도 다 빈치와 미켈란젤로, 이 두 화가를 빼놓을 수는 없겠죠. 그런데 이 두 화가는 공통점이 많아 비교와 대조의 방법으로 설명하지 않으면 헷갈리기 쉽답니다.

1452년 4월 15일에 태어난 레오나르도 다 빈치는 어렸을 적부터 호기심이 많았어요. 수학, 음악, 회화, 건축, 천문학 등 모든 분야에 관심을 갖고 공부했지요. 놀라운 건 모든 학문에 재능이 뛰어났다는 점이에요. 르네상스 시대에는 '천재'를 가장 훌륭한 인간상으로 생각했는데, 레오나르도 다 빈치는 거기에 딱 들어맞는 사람이었어요.

미켈란젤로는 레오나르도 다 빈치가 태어난 지 24년 후인 1475년 3월 6일에 태어났어요. 미켈란젤로는 어린 시절부터 그림 그리는 것을 좋아했어요. 그의 부모님은 화가를 천한 직업이라고 여겨 그림 그리는 미켈란젤로를 꾸짖었어요. 하지만 그는 화가의 꿈을 저버리지 않고 열심히 노력해 마침내 이탈리아에서 가장 유명한 화가 중 한 사람이 되었어요.

레오나르도 다 빈치와 미켈란젤로는 같은 화가이긴 하지만 많은 점에서 달랐어요. 다 빈치는 미술 중에서도 회화가 특기였어요. 〈모나리자〉를 비롯해 〈암굴의 성모〉, 〈최후의 만찬〉 등의 그림이 유명하죠. 미켈란젤로 역시 시스티나 성당의 〈천지창조〉나 〈최후의 심판〉으로 유명해요. 하지만 더욱 더 놀라운 건 그의 조각 실력이었어요. 〈다비드 상〉이나 성 베드로 성당에 있는 〈피에타〉 같은 조각을 보면 알 수 있죠.

두 화가는 예술을 대하는 자세도 달랐어요. 다 빈치는 화가로 유명하지만 과학자이자 발명가이기도 했어요. 그래서 그림을 그릴 때도 분석적이고 정교하게 그리려고 노력했어요.

반면 미켈란젤로는 순간적인 느낌을 중시하는 화가였어요. 어떻게 만들어야 할지 일단 떠오르면 잠도 자지 않고 손에서 피

가 날 때까지 조각을 했어요. 타고난 완벽주의자라서 조수가 자신의 작품을 만지는 것도 싫어했어요. 레오나르도 다 빈치가 사람들과 어울리기를 좋아해 인기가 많았다면 미켈란젤로는 늘 외톨이였어요.

둘은 이처럼 다른 성격이었지만 둘 다 훌륭한 화가였어요. 서로의 실력을 잘 알고 질투까지 했을 정도니까요.

피렌체에 머물던 1500년, 레오나르도 다 빈치는 그림을 그려 달라는 요청을 많이 받았어요. 하지만 다 빈치는 그림을 그리는 것보다 연구에 관심이 많아서 요청들을 거절했어요. 그리고 1년 후인 1501년, 미켈란젤로가 피렌체로 왔죠. 미켈란젤로 또한 수많은 작품 의뢰를 받았어요. 다 빈치가 거절한 것들이었죠. 그때 미켈란젤로는 가장 훌륭한 작품 중 하나인 〈다비드 상〉을 조각했어요. 그 모습에 자극을 받은 다 빈치는 다시 붓을 잡고 그림을 그렸어요. 그 그림이 다 빈치 최고의 그림으로 인정받는 〈모나리자〉예요.

이후 두 거장은 1504년 피렌체 시청의 벽화를 동시에 의뢰받고 자존심 싸움을 펼치며 그림을 그렸어요. 하지만 각자의 사정으로 도중에 일을 그만둔 후 다시는 만나지 못했어요.

다 빈치와 미켈란젤로를 비교·대조해 볼까요?

레오나르도 다 빈치와 미켈란젤로가 라이벌이 될 수 있었던 이유는 무엇이었을까요? 먼저 공통점을 중심으로 두 사람을 '비교'해 볼까요? 두 사람은 같은 나라에서 같은 시기에 태어나 똑같이 미술을 전공했어요. 게다가 둘 다 훌륭한 실력을 갖추고 있어서 많은 사람의 사랑을 받았죠.

이번에는 차이점을 중심으로 '대조'해 볼까요? 레오나르도 다 빈치는 모든 면에 다재다능했고, 미켈란젤로는 미술 한 분야만 파고들었어요. 다 빈치의 전문 분야는 회화였지만 미켈란젤로의 전문 분야는 조각이었어요. 다 빈치가 그린 그림의 제목은 〈최후의 만찬〉이었고, 미켈란젤로가 그린 그림의 제목은 〈최후의 심판〉이에요.

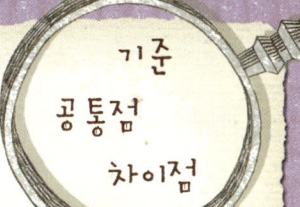

기준
공통점
차이점

비교와 대조의 올바른 방법 배우기

비교와 대조를 하려면 둘 이상의 대상이 필요해요. 이때 중요한 것은 대상들 사이에 공통점과 차이점이 있느냐 하는 거예요. '야구'와 '하늘'을 비교·대조한다고 생각해 보세요. 전혀 공통될 만한 게 없죠? 그러니 적당한 대상을 찾은 후 비교·대조할 수 있는 일정한 기준을 세워야 해요. 그리고 그 기준에 맞춰 두 대상을 견주는 거죠.

구분	기준	라디오	텔레비전
공통점	기능	방송사에서 하는 방송	
	내용	뉴스, 드라마, 예능 등 다양한 방송을 진행한다.	
차이점	방송 방식	들을 수만 있다.	보고 들을 수 있다.
	청중 참여도	사연 소개 및 전화 연결 등 청중 참여도가 활발하다.	대부분 시청자로서 참여 없이 보는 경우가 많다.

일정한 기준이 정해지면 비교와 대조로 주장을 보다 효과적으로 전달할 수 있어요.

책을 왜 읽어야 하는지 이야기하고 싶을 때, 단순히 책이 좋다라고 하기보다 책과 보물상자를 비교·대조해 주면 많은 사람들의 공감을 끌어낼 수 있겠죠. 책과 보물상자는 모두 '보물'이 들어 있다는 공통점이 있으니까요. 책에는 지식이란 보물이, 보물상자에는 금은보화 같은 진짜 보물이 들어 있어요. 그래서 책을 읽는 건 보물상자를 가지는 것과 같다고 이야기할 수 있어요. 보물상자의 보물은 생활을 풍요롭게 해 줘요. 하지만 책은 마음을 풍요롭게 한다는 차이점이 있죠. 마음의 풍요로움이 진정한 풍요로움이기 때문에 보물상자보다 책이 더 좋다는 결론을 이끌어 낼 수도 있고요.

유추

같은 종류의 것, 또는 비슷한 것에 기초하여
다른 사물을 미루어 추측하는 일.

 뉴턴의 사과

영국 캠브리지대학교에 있는 식물학 정원에 가면 세상에서 가장 유명한 사과나무가 있어요. 어떤 사람들은 그 사과나무를 보기 위해 영국으로 여행을 떠나기도 해요. 바로 영국의 과학자 뉴턴의 사과나무죠. 물론 정확히 말하자면 뉴턴의 사과나무가 낳은 후손 나무예요. 원래 뉴턴의 사과나무는 1815년에서 1820년 사이에 죽었거든요.

뉴턴의 사과나무는 왜 이렇게 유명할까요? 그 전에 먼저 뉴턴의 생애에 대해 알아보기로 해요.

아이작 뉴턴은 1642년 12월 25일 영국에서 태어났어요. 뉴턴은 어려서부터 공부하는 걸 정말 좋아했어요. 하지만 뉴턴의 어머니는 아들이 농부가 되기를 원했어요. 뉴턴이 대학에 입학한 후에도 학비를 내 주지 않을 정도였죠. 하지만 뉴턴은 꿈을 포기하지 않았어요. 학교에서 일을 해 학비를 내면서도 공부를 그만두지 않았죠.

하지만 뉴턴도 어쩌지 못한 일이 있었어요. 영국에 흑사병이 퍼지기 시작했거든요. 당시 흑사병은 걸리면 대부분 죽는 무서운 병이었어요. 더구나 흑사병은 전염병이어서 사람이 많은 도시에서는 더욱 빠르게 퍼져 나갔어요. 결국 많은 사람들이 도시를 떠나 시골로 내려갔어요. 뉴턴도 학교가 휴교되면서 어쩔 수 없이 시골로 내려가야만 했어요.

뉴턴은 흑사병이 사라질 때까지 2년 동안 시골에 머물렀어요. 1665년부터 1666년의 일이에요. 그 기간 동안 뉴턴은 그동안 의문을 품었던 여러 문제에 대해 생각해 보는 시간을 가졌어요. 연구와 과제에 둘러싸였던 대학 시절에는

상상도 할 수 없는 여유로운 시간이었어요. 훗날 사람들은 이 기간을 '기적의 해'라 불러요. 뉴턴이 평생 일구어 낸 모든 업적의 씨앗이 이때 뿌려졌거든요. 이때 뉴턴의 사과에 대한 일화도 생겨났어요.

뉴턴이 사과나무 아래서 낮잠을 잘 때의 일이었어요. 잘 익은 사과 하나가 뚝 떨어져서 뉴턴의 머리 위로 떨어졌죠. 순간 뉴턴은 궁금증이 일었어요.

'왜 사과는 똑바로 아래로 떨어질까? 사과가 떨어질 때 옆으로 휘어지거나 위로 떠오르지 않고 아래로 똑바로 떨어질 수밖에 없는 이유가 있는 것일까?'

뉴턴은 곰곰이 생각했어요.

'나한테 사과를 똑바로 오게 만들려면 어떻게 해야 할까? 사과에 줄을 묶어 힘을 줘서 당기는 수밖에 없겠지. 그럼 땅과 사과에도 그런 힘이 작용하는 걸까? 땅과 사과 사이에 보이지 않는 줄이 있고, 땅이 사과를 잡아당기는 건 아닐까?'

땅이 잡아당기는 힘, 뉴턴이 중력을 발견한 순간이었어요. 이후 지구가 동그란 별인데도 불구하고 세상 사람들이 떨어지지 않는 이유, 달이 지구를 벗어나지 않고 계속해서 맴도는 이유, 태양을 중심으로 태양계가 만들어진 이유를 모두 중력으로 설명할 수 있게 되었어요. 땅에 떨어진 사과 하나로 <mark>유추</mark>한 놀라운 결과랍니다.

 뉴턴은 떨어지는 사과에서 무엇을 유추했나요?

뉴턴은 자신과 사과에서 벌어지는 일을 바탕으로 사과와 땅(지구)에서 벌어지는 일을 미루어 짐작해 냈어요. 이것을 '유추'라고 해요.

유추는 과거의 경험을 통해 현재의 문제를 해결해 내는 방법이에요. 귤과 오렌지를 생각해 봐요. 두 과일은 거의 비슷하게 생겼어요. 그래서 과거에 귤을 먹어 봤다면 오렌지를 맛보지 않아도 어떤 맛인지 대충 유추해 낼 수 있는 것이죠.

어휘 돋보기

 유추, 인간이 가진 최고의 힘

유추는 '유비 추리'의 줄임말이에요. 유사하고 비슷한 것을 통해 추리한다는 말이죠. 이렇게 하나의 상황을 통해 다른 상황을 상상해서 추리할 수 있는 건 인간만의 힘이에요. 인간이 '만물의 영장'이라고 불리는 이유이죠.

인간이 발명한 도구는 이런 유추를 통해 생겨난 것이 많아요.

중국의 노반이란 사람이 어느 날 풀에 손가락을 베였어요. 그 약한 풀이 자신의 손을 다치게 한 것이 신기해 노반은 풀을 자세히 관찰했어요. 그리고 풀의 옆면이 톱니 모양처럼 생겼다는 걸 발견했어요. "이런 연약한 풀도 톱니무늬가 있으면 손을 다치게 하는구나. 그렇다면 칼에 톱니무늬를 넣는다면 나무를 쉽게 벨 수 있지 않을까?" 하고 노반은 생각했어요. 자신의 생각을 실행에 옮겼고, 노반은 톱의 발명자가 되었어요.

우리가 흔히 '찍찍이'라고 부르는 벨크로도 마찬가지예요. 스위스에 살던 조르주 드 메스트랄이 어느 날 개를 데리고 산책을 나갔다가 개의 털에 도꼬마리 씨앗이 달라붙은 걸 발견했어요. 자세히 살펴보니 씨주머니 껍질이 갈고리 모양으로 되어 있었어요. 메스트랄은 이 갈고리 모양에 착안해 벨크로를 만들었어요. 이 밖에도 톱이나 벨크로처럼 자연 현상에서 유추해 편리한 도구를 만든 사례는 굉장히 많아요.

유추가 가진 가장 큰 힘은 뭐니 뭐니 해도 상상력을 발휘할 수 있다는 점이에요. 사과가 떨어지는 걸 보고 만유인력을 발견해 낸 뉴턴을 보세요. 유추를 통해 충분한 크기의 지렛대만 있다면 지구도 들어 올릴 수 있다고 말한 아르키메데스는 어떤가요? 이처럼 현재 상황에서는 밝혀내기 힘든 사실도 유추를 통하면 증명할 수 있어요. 그야말로 몸은 현재에 있으면서도 눈은 먼 미래를 바라볼 수 있는 능력인 것이죠.

원인과 결과

원인 : 어떤 일이 일어나게 된 근본이 된 일이나 사건.

결과 : 어떤 원인으로 인해 생겨난 결말.

만년 샤쓰

우리 반 창남이는 반에서 가장 인기 좋은 친구다. 창남이의 성은 한 씨인데, 우리나라 최초의 비행사인 안창남 아저씨와 이름이 비슷해서 '비행사'란 별명이 붙었다.

창남이는 모자가 다 해져도 그냥 쓰고 다녔고, 바지 엉덩이가 해져도 헝겊을 대어 입고 다녔다. 그래서 창남이네 집이 가난하다고 다들 생각했지만, 정작 창남이는 한 번도 힘든 표정을 지은 적이 없었다.

그러던 어느 날, 체육 시간이 있는 날이었는데 마침 엄청나게 추웠다. 하지만 무서운 체육 선생님은 다들 윗도리를 벗고 셔츠만 입게 하였다. 그래야 건

강해진다는 것이었다. 다들 어쩔 수 없이 윗도리를 벗었다. 그런데 단 한 명만 윗도리를 벗지 않았다. 바로 비행사, 창남이었다.

"한창남! 너는 왜 웃옷을 안 벗니?"

선생님이 원인을 묻자 창남이는 얼굴이 빨개지더니, 고개를 푹 숙였다. 창남이가 그렇게 부끄러워하는 건 처음이었다.

"선생님, 만년 샤쓰도 괜찮아요?"

"만년 샤쓰라니? 그게 뭐니?"

선생님의 물음에 창남이는 더듬거리며 대답했다.

"매, 매, 맨몸 말이에요."

그 말에 선생님의 얼굴이 굳어졌다. 창남이가 장난을 친다고 생각했기 때문이었다. 선생님은 굳은 목소리로 말했다.

"어서 웃옷을 벗거라."

그러자 창남이는 어쩔 수 없이 웃옷을 벗었다. 그런데 정말 창남이는 웃옷 안에 아무것도 입지 않은 맨몸이었다. 선생님은 깜짝 놀랐다.

"창남아, 왜 셔츠를 입지 않았니?"

그러자 창남이는 조용히 대답했다.

"셔츠가 없어서요. 인천 사는 형님이 올라오면 사 주기로 했는데……."

그 말에 무서운 체육 선생님의 눈에 눈물이 왈칵 맴돌았다. 밝기만 한 창남이가 그렇게 힘들었다니! 선생님은 창남이에게 윗도리를 입게 했다. 그리고 학생들을 불러 모아 말했다.

"여러분, 모두 한창남처럼 용감한 사람이 되세요. 만약 여러분들이 셔츠가 없었다면 어땠을까요? 추운 게 문제가 아니라 부끄러워서 학교를 오지 않았을 겁니다. 그런데 창남이는 이렇게 맨몸으로, 아니 만년 샤쓰를 입고 학교에 왔어요. 여러분들도 창남이의 성실함과 용기를 배워야 합니다!"

당당히 맨몸을 선보인 결과 창남이는 '비행사'란 별명이 사라지고 새로운 별명을 얻게 되었다. 바로 '만년 샤쓰'였다. 아이들이 창남이를 더욱 좋아했음은 물론이다.

창남이에게 새 별명이 지어지는 과정을 원인과 결과로 나누어 볼까요?

모든 일에는 그 일이 벌어지게 된 근본적인 이유, 즉 '원인'이 있어요. 예를 들자면 창남이는 우리나라 최초의 비행사 안창남 아저씨와 이름이 비슷해서(원인1) '비행사'란 별명이 생겼어요(결과1). 창남이는 집이 가난했기 때문에(원인2) 맨몸으로 학교에 올 수밖에 없었어요(결과2). 하필 그날 체육 시간이 있어서(원인3) 자기가 '만년 샤쓰', 즉 맨몸인 걸 들켜요(결과3). 맨몸으로 학교를 온 이후로(원인4) 창남이는 '만년 샤쓰'란 새로운 별명을 얻게 돼요(결과4). 이처럼 모든 일은 원인과 결과로 이루어져 있어요.

어휘 돋보기

 왜 욕조에 들어가면 물이 넘칠까?

그리스 왕이 아르키메데스를 불렀어요. 그리고 그에게 자신의 아름다운 왕관을 보여 주었어요.

"아르키메데스, 이 왕관을 보라. 이건 내가 황금 세공사에게 순금을 주어 만들게 한 것이다. 하지만 그가 성품이 좋지 못하다는 이야기를 들었다. 그래서 혹시 다른 금속을 섞고 순금을 빼돌린 게 아닐까 하는 의심이 생겼다. 하지만 난 이 왕관이 마음에 든다. 그러니 그리스 최고의 과학자인 네가 이 왕관이 순금으로만 만들어져 있는지 확인해 보라. 단, 이 왕관을 망가뜨려서는 안 된다."

아르키메데스는 참으로 난감했어요. 왕관을 망가뜨리지 않고는 다른 물질이 섞여 있는지 알 수 없었거든요. 하지만 왕의 명령이었기에 따르지 않을 수도 없었어요. 그는 몇 날 며칠을 고민했지만 좋은 해결 방법이 떠오르지 않았어요. 초조해진 아르키메데스는 마음을 진정시키기 위해 목욕을 하기로 했어요.

아르키메데스는 따뜻한 물이 가득한 욕탕 안으로 들어갔어요. 그러자 물이 욕탕 밖으로 넘쳐 흘렀어요. 그 모습을 바라보던 아르키메데스는 궁금증이 생겼어요.

'왜 내가 들어가면 물이 넘치는 걸까?'

그리고 그는 곧 깨달았어요.

'내가 욕탕에 들어가면(원인) 내 몸무게 만큼의 물이 넘치는구나(결과). 이렇게 원인과 결과가 이어지는 인과관계는 같은 조건이라면 변하지 않지. 그렇다면 왕관을 물통에 넣었을 때 흘러내린 물과 왕관 무게만큼의 순금을 물통에 넣었을 때 흘러내린 물의 양이 같아야만 해. 그렇지 않다면 황금 세공사가 금을 빼돌린 거야!'

아르키메데스는 너무도 기뻐 욕탕에서 벌떡 일어나서 외쳤어요.

"유레카!"

유레카는 그리스어로 '알았다'는 뜻이었죠.

그리고 벌거벗은 몸으로 뛰쳐나가 온 그리스 시내를 뛰어다녔다고 해요.

아르키메데스는 자신이 깨달은 인과관계로 세공사의 부정을 입증해 냈답니다.

인과관계

정의와 오류

정의 : 어떤 말이나 사물의 뜻을 확실하게 밝혀서 규정함.
오류 : 그릇되어 이치에 맞지 않는 일.

 이것은 무엇일까요?

 오늘은 창민이가 친구들과 미술관 체험을 하기로 한 날이에요. 사실 처음에 체험 학습 장소를 들었을 때 창민이는 실망이 이만저만이 아니었어요. 뛰어다니기 좋아하는 창민이에게 가만히 서서 그림만 보는 미술관은 참 재미없는 곳이었거든요. 그런데 엄마의 말에 마음이 바뀌었어요.
 "이번에 가는 미술관은 마음껏 떠들고 이야기할 수 있는 곳이란다."
 창민이는 그런 미술관 이야기는 태어나서 처음 들었어요. 창민이는 그런 곳이 어떤 곳일지 궁금해서 미술관을 찾았어요. 그런데 뭔가 이상했어요. 미술관 안이 온통 깜깜했어요.

미술관 안으로 들어가자 정말 아무것도 보이지 않았어요. 창민이와 친구들이 당황해서 웅성거리는 사이 안내자가 입을 열었어요.
　"어린이 여러분, 손을 뻗어 보세요."
　안내자의 말에 창민이가 손을 뻗었어요. 그런데 뭔가 맨들맨들하고 딱딱한 게 잡혔어요. 창민이는 어제 저녁 엄마와 시장에 갔을 때 만져 본 무와 같다고 생각했어요.
　"여러분 앞에 있는 것은 모두 똑같은 것이랍니다. 이것이 무엇인지 한 사람씩 정의해 보세요."
　안내자의 말에 창민이는 '무'라고 대답했어요. 그런데 이상하게도 친구들의 대답이 모두 달랐어요. 어떤 친구는 '부채'라고 대답했어요. 또 '돌'이라는 친구도 있었어요. '나무'라는 친구도 있었고, '장독대'라는 친구도 있었죠. 마지막 친구는 '새끼줄'이라고 대답했어요. 안내자는 분명 하나의 사물이라고 했

는데 모두 다른 대답이 나온 거예요.

"그럼 불을 켜 볼까요?"

그 말과 함께 미술관이 환하게 밝아졌어요. 그러자 아이들의 입에서 함성이 터져 나왔어요.

아이들이 만진 건 커다란 코끼리 모형이었어요.

하지만 코끼리가 너무 커서 전체를 만질 수 없었어요. 그래서 하나의 사물을 모두 다르게 판단하는 오류를 범한 것이었어요.

'무'라고 대답한 창민이가 만진 부분은 코끼리의 상아였어요. '부채'라고 대답한 친구가 만진 부분은 코끼리의 귀였죠. '돌'이라고 대답한 친구는 코끼리의 머리를 만졌고요, '나무'라고 대답한 친구는 코끼리의 다리를 만졌어요. '장독대'는 코끼리의 배였고, '새끼줄'은 코끼리의 꼬리였어요.

사실 이 미술관에서는 속담의 뜻을 직접 체험하는 전시가 열리고 있었어요. 그렇다면 아이들이 체험한 속담은 무엇이었을까요? 다들 눈치챘죠? 바로 '장님 코끼리 만지기'였어요.

창민이는 코끼리를 정의하는 데 어떤 오류를 범했나요?

올바른 정의를 내리기 위해서는 전체를 한눈에 바라보는 능력이 있어야 해요. 하지만 사람들은 가끔 부분만 보고 성급하게 정의를 내리죠. 이럴 때는 앞뒤가 맞지 않는 '오류'가 일어나곤 해요. 거대한 코끼리를 전체가 아닌 한 부분만 만져 보고 무나 부채, 뱀이라고 이야기하는 것처럼 말이죠.

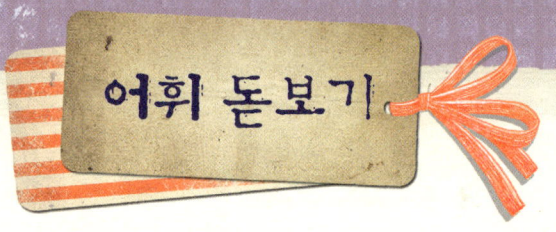

 옛날이야기 속 오류 찾기

　옛날 중국의 어느 장터에 허풍이 심한 장사꾼이 한 명 있었어요. 그는 자기가 파는 물건이 세상에서 가장 좋은 물건이라고 허풍을 쳐서 손님들을 끌어모았죠. 이번에 그 장사꾼이 팔 물건은 창과 방패였어요. 장사꾼은 먼저 창을 들어 보였어요.

　"이 창으로 말할 것 같으면 세상 어떤 방패든 뚫어 버리는 최고의 창입니다."

　그 말에 구경꾼들이 탄성을 질렀어요. 흥이 난 장사꾼이 이번에는 방패를 들어 보였어요.

　"이 방패로 말할 것 같으면 세상 어떤 창도 뚫을 수 없는 최고의 방패입니다."

　그러자 구경꾼 한 명이 고개를 갸우뚱거리며 말했어요.

　"이보시오. 그 창은 세상 어느 방패든 뚫을 수 있고, 그 방패는 세상 어느 창도 뚫을 수 없다면 대체 그 창과 방패가 부딪치면 어떻게 되는 거요?"

　장사꾼은 순간 할 말을 잃었어요. 어떻게 되든 자기가 거짓말을 한 꼴이 되니까요. 장사꾼은 창과 방패를 챙겨 들고 냉큼 자리를 떠났어요. 구경꾼들은 그 모습을 보며 장사꾼을 비웃었어요.

　이때부터 어떤 사실이 앞뒤가 맞지 않을 때를 가리켜 '창 모(矛)'에 '방패 순(盾)'을 써서 '모순(矛盾)'이라고 했어요.

　장사꾼은 부분적으로는 참을 말하고자 했어요. '세상 어떤 방패든 뚫는 창'이라는 정의도 참이고, '세상 어떤 창도 뚫지 못하는 방패'라는 정의도 참이죠. 하지만 이 둘이 만나니 오류가 생기는 거예요. 그러니 어떤 일에 대해 정의를 내릴 때는 꼭 전체를 봐야 해요. 그렇지 않으면 자신도 모르게 오류에 빠질 수 있으니까요.

분류와 분석

분류 : 종류에 따라서 나눔.

분석 : 복잡한 것을 풀어서 단순한 요소나 성질로 나눔.

 파브르 곤충기

<파브르 곤충기>를 읽어 본 적이 있나요? 이 책에는 우리가 신경 쓰지 않거나 보더라도 징그러워 피해 버린 여러 곤충에 대한 이야기가 가득 들어 있어요. 마치 곤충들이 직접 자신들의 이야기를 쓴 것 마냥 생생하죠. 이 책의 작가 장 앙리 파브르는 어떻게 이런 놀라운 책을 쓸 생각을 했을까요?

프랑스 남부의 시골 마을에서 태어난 파브르는 어렸을 적부터 곤충을 관찰하는 게 취미였어요. 교사가 되어 아이들을 가르치면서도 파브르의 곤충 관찰은 계속되었어요. 그러던 어느 날, 파브르는 프랑스의 권위 있는 곤충학자 레옹 뒤프르가 쓴 책을 읽을 기회를 가졌어요. 그 책에는 레옹 뒤프르가 관찰한 노래기벌의 습성이 자세히 나와 있었어요. 파브르는 그 책을 읽으며 놀라운 충격을 받았어요.

'이럴 수가! 곤충을 연구하는 새로운 방법이 있었다니!'

이전까지의 곤충학은 단순히 여러 곤충들을 잡아서 그 종에 따라 분류해서 나열하는 방식밖에 없었어요. 파브르 역시 그런 방식만이 곤충학의 전부인 줄 알았어요. 그런데 레옹 뒤프르는 달랐어요. 노래기벌이 어떤 특징을 가지고 있는지 세밀히 관찰하고 연구했던 거예요.

그런데 책을 읽던 파브르의 고개가 갸우뚱했어요. 책의 내용이 자신의 생각과 다른 점이 있었거든요. 책 안에는 노래기벌이 자기 애벌레들을 먹이기 위해 비단벌레를 잡아 집으로 가지고 가는 내용이 있었어요. 그 비단벌레는 분명히 침을 맞아서 죽었는데도 썩지 않았죠. 책에서는 비단벌레가 죽은 후에도 썩지 않는 이유가 노래기벌의 침독에 있는 방부제 성분 때문이라고 했어요.

'과연 이 말이 사실일까? 실제로 그런지 확인해 봐야겠어.'

그때부터 파브르는 직접 노래기벌을 관찰하기 시작했어요. 파브르는 직접 노래기벌을 잡아 기르면서 여러 실험을 했어요. 그 결과 파브르는 놀라운 사실을 알게 됐어요. 노래기벌의 침을 맞은 비단벌레는 죽은 게 아니라 마비 상태였다는 사실을요. 파브르는 이 사실을 발표해 많은 사람의 주목을 받았어요. 파브르의 나이 32세 때의 일이었어요.

이후 파브르는 아이들을 가르치며 틈틈이 곤충을 연구했어요. 하지만 늘 마음속에는 곤충 연구에만 전념하고 싶다는 생각이 가득했어요. 돈을 모은 파브르는 마침내 시골로 내려갔어요. 그곳에서 그는 열심히 곤충을 <mark>분석</mark>했어요. 그리고 그 결과를 묶어 책을 냈는데 그 책이 바로 〈곤충기〉예요. 파브르의 나이 56세 때의 일이었죠.

파브르는 이후 30년 동안 10권의 〈곤충기〉를 써 나갔어요. 이 책들은 지금까지도 곤충학에서 가장 중요한 책으로 꼽힌답니다. 파브르는 한 번도 정식으로 곤충학을 배운 적이 없어요. 하지만 그는 그 어떤 곤충학자보다 위대한 업적을 남겼어요. 그건 그가 진심으로 곤충을 사랑했기 때문이에요.

파브르의 이야기를 통해 분류와 분석이 무엇인지 설명해 볼까요?

파브르가 살던 당시에는 새로운 곤충이 발견되면 종에 따라 이름을 붙이고 표본을 만드는 정도밖에 하지 않았어요. 예를 들면 새로운 종류의 벌이 발견되면 '~벌' 하는 식으로 이름을 지어 줄 뿐이었죠. 이렇게 일반적인 종류에 따라 나누는 일을 '분류'라고 해요. 그래서 당시에는 곤충 분류학으로 불렸어요.

하지만 파브르는 곤충 하나하나의 생태에 대해 연구했어요. 같은 종류의 벌이라도 꿀벌과 말벌, 노래기벌이 어떻게 행동을 달리하는지, 왜 그런지 연구했어요. 이렇게 한 개체의 구조와 특성을 각자 나누어 설명하는 것을 '분석'이라고 해요.

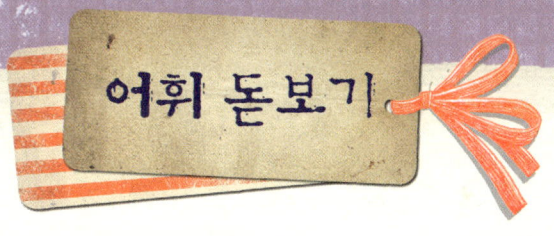

 주변에서 볼 수 있는 분류와 분석

　우리 주변에서 분류를 가장 쉽게 만날 수 있는 곳은 어디일까요? 바로 대형 마트예요. 부모님과 함께 대형 마트에 가 보면 상품들이 엄청나게 많이 진열되어 있는 걸 볼 수 있지요. 그런데 그게 아무렇게나 진열되어 있는 게 아니에요. 비슷한 종류의 상품들끼리 분류해 놓은 것이죠. 손님들이 물건을 살 때 비교하기 쉽게 하기 위해서예요.

　도서관에 가 보면 분야별로 책이 정리되어 있어요. 그리고 각 책에는 세 자리의 숫자가 써 있어요. 그 숫자는 미국의 사서이자 교육자인 멜빌 듀이가 창안한 '듀이 십진분류법'에 따른 분류 기호예요. 듀이의 분류법 때문에 우리는 세계 어느 도서관에서도 책을 쉽게 찾을 수 있어요.

　방 안을 정리하는 가장 좋은 방법 또한 일정한 기준을 세워 물건을 분류하는 거예요. 교과서는 교과서대로, 동화책은 동화책대로, 장난감은 장난감대로 나눠서 분류하면 다음부터 물건을 쉽게 찾을 수 있답니다.

　그럼 우리가 쉽게 만날 수 있는 분석에는 또 뭐가 있을까요? 역시 대형 마트에서 물건을 고를 때예요. 어머니가 마트에서 과자를 고를 때 뒷면을 유심히 살피는 경우가 있어요. 뒷면에 적힌 식품 성분표를 확인하기 위해서죠. 식품 성분표는 통조림이나 과자에 무엇 무엇이 들어 있는지 분석해 놓은 표죠. 어머니는 그걸 보고 가족이 건강하게 먹을 수 있는 음식을 고르는 거예요.

　다이어트를 할 때 보게 되는 칼로리 분석표도 분석이 적용된 예지요. 운동뿐 아니라 식단 조절도 중요하기 때문에 다이어트를 할 때면 칼로리 분석표가 필요해요. 음식의 칼로리를 분석해서 칼로리가 높은 음식을 피할 수 있게 해 주거든요.

　분류는 이렇게 세상에 질서를 만들어 줍니다. 분석은 사물을 정확히 보게 해 주고요. 교과서에서 배운 지식을 실생활에 이용한다는 건 정말 신 나는 일이에요.

개념

어떤 사물 및 현상에 대한 공통적이고 일반적인 지식.

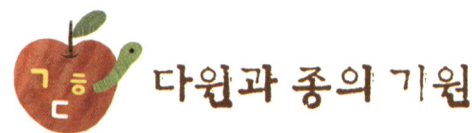
다윈과 종의 기원

1859년 찰스 다윈이라는 영국의 생물학자가 책 한 권을 출판했어요. 〈종의 기원〉이라는 제목의 이 책은 코페르니쿠스의 지동설만큼이나 세상을 놀라게 했어요. 코페르니쿠스의 지동설은 '태양이 지구 주변을 도는 것이 아니라, 지구가 태양 주변을 도는 것'이라고 주장한 학설이에요. 신이 지구를 만들고, 지구를 세상의 중심으로 삼았다고 믿던 중세 사람들에게 지동설은 세상이 뒤바뀔 정도의 큰 충격이었다고 해요. 그렇다면 과연 〈종의 기원〉에는 어떤 내용이 담겨 있었던 걸까요?

찰스 다윈이 살던 당시 유럽 사람들은 신이 모든 세상과 생물을 창조했다고 믿었어요. 이것을 '창조론'이라고 하죠. 창조론에 따르면 신은 완벽한 존재이기 때문에 실수를 하지 않아요. 그렇기 때문에 생물을 창조할 때도 처음부터 완벽하게 만들어 냈다고 해요. 인간은 만들어질 때부터 지금 인간의 모습이었고, 다른 동물도 만들어질 때부터 지금 동물의 모습이었다는 거예요.

그런데 이런 창조론으로 설명하지 못하는 부분이 있었어요. 그중 가장 대표적인 게 화석이죠. 화석들 중에는 현재에 전혀 존재하지 않는 동물, 예를 들어 공룡이 발견되기도 했어요. 그런 화석을 볼 때마다 사람들은 의문을 품기 시작했어요.

'과거의 모든 동물이 현재에도 존재한다면, 왜 화석에서 볼 수 있는 과거의 동물을 지금 볼 수 없는 것일까?'

다윈 역시 그런 의문을 품는 사람 중 한 명이었어요. 그러던 중 지질학과 생물학 연구를 위해 배를 타고 세계 일주 탐사에 나섰어요. 오랜 항해 끝에 10여 개의 큰 섬으로 이루어진 갈라파고스 제도에 도착했어요. 그곳에서 다윈은 흉내지빠귀라는 새가 사는 섬에 따라 부리의 모양이 조금씩 다르다는 사

실을 알게 됐어요.

영국으로 돌아온 다윈은 왜 새의 부리 모양이 섬마다 다른지에 대해 연구했어요. 그 결과 섬마다 자연환경이 달랐고, 그 자연환경에 적응하기 위해서 부리 모양이 변했다는 사실을 알게 됐어요. 그건 놀라운 발견이었어요. 모든 생물이 완성된 채로 창조된 것이 아니라 필요에 따라 변화할 수 있다는 사실을 깨달은 것이니 말이에요.

다윈은 곧 생물이 자연환경에 따라 유리한 방향으로 '진화'할 수 있다는 진화론을 발표했어요. 그리고 그 근거를 〈종의 기원〉에서 자세히 설명했어요.

창조론을 믿던 당시 사람들에게 진화론은 엄청난 충격이었어요. 특히 진화론에 따르면 모든 생물은 평등하고, 인간 역시 자연환경에 따라 진화한 존재일 뿐이었어요. 신이 인간을 창조했고, 신이 아끼는 피조물이 인간이라고 믿는 창조론자들에게 진화의 개념은 엄청난 굴욕이었어요.

"그럼 우리가 원숭이의 후손이란 말인가? 인간은 천사의 후손이다. 이에 반대하는 걸 참을 수 없다!"

다윈의 진화론은 많은 사람들의 반대를 받았어요. 다윈을 욕하는 사람들도 많았죠. 하지만 지금은 어떤가요? 결국 진화론은 사람들에게 인정받았어요. 다윈도 지금의 모습을 보면 뿌듯한 미소를 지을 거예요.

다윈의 이야기를 듣고 개념이 무엇인지 이야기해 보세요.

'개념'이란 어떤 사물 및 현상에 대한 공통적이고 일반적인 지식을 뜻해요. 사람들의 공통적인 생각이 바로 개념이죠. 그렇기에 개념이 바뀌게 되면 큰 혼란이 일어나요. 다윈이 '창조론'이 아닌 '진화론'을 발표했을 때 큰 혼란이 생긴 것처럼요. 하지만 인류는 그러한 혼란을 딛고 새로운 개념을 정립해 가면서 비로소 발전했답니다.

 개념을 알아야 생각을 표현할 수 있어요

하굣길에 똘똘이는 고개를 푹 숙인 채 터벅터벅 걷고 있어요. 똘똘이의 손에는 한 장의 시험지가 들려 있어요.

"이번 시험은 너무 이상해! 어떻게 내가 꼴찌를 할 수 있지?"

지금까지 똘똘이는 어떤 시험이든 1등을 놓친 적이 없어요. 뛰어난 암기력으로 시험 범위에 나오는 내용을 몽땅 외워 버렸거든요. 그래서 '이름답게 참 똘똘하구나'라는 칭찬을 달고 살았어요.

그런데 이번 시험은 시험 범위가 없었어요. 시험 날 와서 자신의 생각을 쓰면 된다는 게 다였어요. 똘똘이는 외울 게 없다는 게 불만이었지만 그래도 1등은 자신 있었어요. 그런데 막상 시험지를 받아들자 눈앞이 깜깜해졌어요.

'방금 읽은 글의 주제는 무엇인가요?'

'글을 읽고 떠오른 생각을 써 보세요.'

'위의 글은 어떻게 구성되어 있나요?'

지금껏 외운 걸 그대로 쓰기만 했던 똘똘이는 문제를 이해하지 못했어요. 결국 답을 한 줄도 쓰지 못했어요.

똘똘이는 엄마 앞에 빵점 시험지를 내밀며 억울해했어요. 그러자 엄마가 똘똘이의 머리를 쓰다듬으며 말했어요.

"그동안 외우기만 해서 시험에 나온 어휘가 무슨 뜻인지 개념을 이해하지 못했구나. 오늘은 엄마랑 개념어휘에 대해 알아볼까?"

엄마는 커다란 공책을 펴고는 시험에 나온 어휘를 하나하나 썼어요. 한자 풀이와 재미있는 어휘의 뜻을 설명해 주었지요. 지금까지 똘똘이는 시험을 보고 나면 금세 내용을 잊었어요. 그런데 엄마에게 이야기를 들으며 어휘를 배우자 그 기억이 오래도록 지워지지 않았어요. 똘똘이는 어서 다음 시험이 오기를 기대했어요.

 스토리텔링으로 배우는 국어 개념어휘

주제 (주인 주主 제목 제題)

중심이 되는 문제를 뜻하는 어휘예요. 말하는 사람이 가장 드러내고 싶은 생각이죠. 마틴 루터 킹은 '나에게는 꿈이 있습니다'라는 연설에서 흑백 차별이 없는 나라를 만들고 싶다는 자신의 생각을 드러냈어요. 그 생각이 바로 주제인 것이죠. '중심생각'이라고도 해요.

👧 〈심청전〉의 주제는 '부모님께 효도하자'인 것 같아. 그러니 나도 이제부터 부모님께 효도해야지.

글감

집을 짓기 위해서는 벽돌, 나무, 시멘트 등 여러 재료가 필요해요. 한 편의 글을 쓰기 위해서도 여러 재료가 필요해요. 글을 쓰기 위한 바탕이 되는 재료를 '글감'이라고 해요. 다른 말로 소재라고도 하죠. 〈안네의 일기〉에서 안네는 자신의 은신처 생활을 글감으로 썼어요. 글감은 경험에서 찾아지기도 하고, 상상 속에서 떠오르기도 해요.

👦 나는 어젯밤 꿈에서 겪은 일을 글감으로 재밌는 글을 썼어.

형식 (모양 형形 법 식式)

일정한 규칙을 통해 겉으로 보이는 모양을 말해요. 모양이 정해지지 않은 물을 담으려면 그릇이 필요하듯, 우리의 자유로운 생각을 담기 위해서는 정해진 형식의 글쓰기가 필요해요.

👧 네가 생각한 이야기는 시의 형식으로 쓰기보다는 소설의 형식으로 쓰는 게 더 좋을 것 같아.

생각

우리는 음식을 먹고 '맛있다'라고 느끼고, 그림을 보고 '아름답다'고 느끼죠. 이처럼 생활 속에서 보고 듣고 만진 모든 것에 대해 우리는 어떤 판단을 내려요. 이런 판단을 생각이라고 하죠. '인간은 생각하는 동물'이라는 그리스 철학자 아리스토텔레스의 말처럼, 생각으로 문제를 해결하는 건 인간이 가진 가장 큰 특징이지요.

🧑 어려운 문제가 닥쳤을 때에도, 곰곰이 생각하면 해결방법이 꼭 떠오를 거야.

토의 (칠 토討 의논할 의議)

어떤 문제에 대해 의논하고 검토하고 협의하는 것을 일컫는 어휘예요. 민주주의가 훌륭한 이유는 어떤 문제를 해결할 때 활발한 토의 과정을 거쳐 모두가 만족할 만한 결론을 찾으려 한다는 데 있어요. 〈토끼전〉에 나오는 용궁에서는 '누가 육지에 올라가서 토끼의 간을 구해올 것인가?'에 대한 문제로 열띤 토의를 벌였는데, 이걸로 봐서는 용궁도 꽤 민주적인 나라였나 봐요.

👧 오늘 가족회의에서 토의할 문제는 '전기를 아끼려면 어떻게 하면 좋을까?'야.

쟁점 (다툴 쟁爭 점 점點)

서로 다투는 중심 이유를 일컫는 어휘예요. 우리가 토의나 토론을 할 때, 싸움의 이유인 쟁점을 정확히 안다면 문제를 쉽게 해결할 수 있을 거예요. 〈황금 사과〉 이야기에서 헤라, 아테나, 아프로디테가 싸우는 쟁점이 황금 사과임을 다른 신들이 알았더라면, 황금 사과를 두 알 더 만들어서 모두에게 주지 않았을까요?

🧑 대한민국과 일본이 싸우는 쟁점은 '독도가 누구 땅인가'하는 것이야. 분명히 우리나라 땅이 맞는데!

근거 (뿌리 근根 증거 거據)

　자신의 의견을 뒷받침하는 근본적인 증거를 말해요. 근거가 불확실하다면 의견 전체가 틀릴 수 있기 때문에, 정확한 근거를 찾는 게 중요해요. 셜록 홈스의 추리가 완벽할 수 있었던 이유는, 그가 뛰어난 관찰력으로 추리의 근거를 찾아냈기 때문이에요.

　🙂 케이크를 먹은 범인이 너라고 말하는 근거는 네 입술에 크림이 묻어 있기 때문이야!

회의 (모일 회會 의논할 의議)

　여럿이 모여 하는 의논 또는 의논을 위해 만든 모임을 뜻하는 어휘예요. 민주주의 사회에서는 어떤 모임이건 회의를 하죠. 오죽하면 〈금수회의록〉이란 소설에서는 짐승들도 회의를 했겠어요. 회의는 어떤 이야기를 했는지 정리하기 위해 '회의록'이라는 걸 작성해요. 그러니까 〈금수회의록〉은 '짐승들이 한 회의의 기록'이란 뜻이죠.

　🙂 오늘 학급 회의에서는 학생들이 활발하게 발언을 해서 좋은 의견이 많이 나왔어요.

관점 (볼 관觀 점 점點)

　관찰자가 어떤 물건이나 현상을 보는 태도를 말해요. 〈오성과 한음의 감나무 이야기〉를 보면 오성의 집에서 보는 감나무와 권철 대감 집에서 보는 감나무는 모양이 달라요. 이처럼 어디서 어떻게 보느냐에 따라 같은 문제를 이해하는 관점이 달라지게 마련이에요. 이런 관점의 다름을 이해하고, 다른 관점을 모두 포용하기 위해 필요한 게 바로 대화나 토의, 토론, 회의 등이에요.

　🙂 여러 의견을 듣지 않고 자신의 치우친 관점으로 쓴 글은, 좋은 글이 될 수 없어.

발표 (보낼 발發 밝힐 표表)

　어떤 사실이나 결과, 작품들을 세상에 널리 드러내어서 알리는 것을 말해요. 발표를 잘 해야 자신의 생각을 사람들이 잘 이해할 수 있어요. 스티브 잡스는 자신만의 발표 비법이 따로 있을 정도로 발표에 능통했어요. 하지만 중요한 건 기술보다는 발표의 진심이랍니다.

　🧑 나는 사람들 앞에 서면 너무 떨려. 어떻게 하면 발표 공포증을 극복할 수 있을까?

어법 (말씀 어語 법 법法)

　말을 하는 일정한 법칙이라는 뜻을 가진 어휘예요. 모든 말에는 어법이 있어요. 우리가 따로 우리말 어법을 배우지 않는 이유는 태어나면서부터 우리말과 글을 접하며 자연스럽게 어법을 깨우치기 때문이에요. 외국어를 배우기 어려운 이유 중의 하나가 바로 우리말과 어법이 달라서인데, 어렸을 때부터 외국어를 접하면 어법이 몸에 배어 외국어를 쉽게 배운다는 연구 결과도 있어요.

　👧 시에서는 글쓴이가 자신의 감정을 잘 표현하기 위해 어법을 일부러 지키지 않는 경우가 있는데, 이를 '시적 허용'이라고 해.

음운 변동

　자음과 모음처럼 우리말에서 가장 작은 단위를 음운이라고 해요. 발음하다 보면 소리내기 좋게 음운이 달라지는 경우가 있는데 이를 음운 변동이라고 하지요. '문이 닫힌다'를 소리 나는 대로 쓰면 '문이 다친다'가 되는 것처럼요. 이렇게 음운이 바뀌면 전혀 다른 뜻이 된답니다.

　🧑 내가 받아쓰기 시험에서 빵점을 맞은 이유는 음운 변동을 이해하지 못했기 때문이야.

낱말

　낱말은 세상의 모든 사물과 감정, 행동 등에 붙여진 이름과 같아요. 낱말을 아는 것은 이 세상을 알기 위한 첫걸음과 같은 것이죠. 그러니 헬렌 켈러 선생님이 보지도 듣지도 못하는 상황에서, 모든 사물에 이름이 있다는 사실을 깨달았을 때 얼마나 큰 감동으로 다가왔을지 이해할 수 있겠죠?

　우리 아버지의 여동생을 고모라고 부른대. 그 낱말을 몰라서 이름을 부르다 혼났어!

문장 (글 문文　글 장章)

　우리가 가진 생각이나 감정을 말이나 글로 표현해서 완결 짓는 최소의 단위예요. 아기는 말을 하지 못하기 때문에 배가 고프거나, 화장실에 가고 싶거나, 졸리거나 하는 여러 상황을 모두 울음으로 표현해요. 하지만 우리는 글을 쓰고 말할 수 있어요. 그러니 여러 문장성분을 이용해 정확히 문장을 만들어 남들에게 자신의 생각을 전달할 수 있지요.

　문장에 주어가 빠져 있으면, 누구의 생각인지 알 수가 없어.

문장부호

　문장의 끝을 올려 말하면 의문문이 되고, 말투를 강하게 하면 강조문이 돼요. 그런데 이런 말투는 글로 표현할 수가 없어요. 그래서 문장이 평서문인지 의문문인지 강조문인지 알 수 있게 사람들끼리 정한 부호가 바로 문장부호예요. 말한 이의 의도를 보다 정확하게 표현하기 위해 꼭 필요하죠.

　네가 보낸 편지는 문장부호가 없어서 무슨 뜻인지 잘 모르겠어.

육하원칙

'누가, 언제, 어디서, 무엇을, 어떻게, 왜'의 여섯 가지 원칙을 말해요. 나무 그늘조차 자신의 것이라고 우기던 욕심 많은 부자를 골탕 먹이기 위해 나무 그늘을 돈을 주고 산 총각. 총각은 해가 기울어 그늘이 길어지자 부자의 집 마루 위에서 쉬었지요. 부자의 친구들이 왜 이곳에서 쉬느냐고 묻자 총각은 육하원칙에 따라 이야기했답니다.

- 총각은 부자의 친구들에게 육하원칙에 따라 '나는(누가) 지금(언제) 달콤한 잠을(무엇을) 자고 있다(어떻게), 부자에게 나무 그늘을 샀기 때문에(왜).'라고 이야기했다.

시 (시 詩)

자연을 보고 깊은 감명을 받거나, 삶을 통해 비밀스러운 깨달음을 얻을 때가 있어요. 그럴 때면 자신이 느낀 감정이나 생각을 다른 사람에게도 알려 주고 싶죠. 문장 하나, 낱말 하나까지 자신의 감정과 생각을 더 정확히 전달할 수 있도록 다듬고 다듬어 쓴 짧은 글, 그게 바로 시예요. 홀로 술을 마시다 달에 빠져 죽었다는 전설의 시인 이백은 자신의 시를 들려줄 사람이 없어 외로웠을 것 같아요.

- 오늘 수업 시간에 읽은 시는 시인의 슬픔이 고스란히 전해져 왔어.

시조 (때 시時 고를 조調)

노래는 시대에 따라 유행이 있어요. 어떨 때는 발라드가, 어떨 때는 록이, 또 어떨 때는 댄스 음악이 유행을 하죠. 그런데 시에도 유행이 있다는 사실 아세요? 그중 시조는 고려 시대 중엽에 만들어져 조선 시대에 크게 유행한 시의 형식이에요. 시조는 현대시와 다르게 정형화된 규칙이 있는 정형시예요. 오늘날의 현대 시조도 시조의 형식을 지키고 있어요.

- 조선 시대의 시조는 양반만의 유희라고 생각했는데, 선생님의 말씀을 듣고 보니 누구나 즐기던 오락이었다는 걸 알겠어.

운율 (울림 운韻 법 율律)

　시는 원래 자신의 감정을 담아 부르는 노래와 같았어요. 그리스 시대의 시인들은 악기를 연주하며 자신의 시를 들려주어서 '음유 시인'이라고 불렸대요. 지금의 시에도 자연스러운 말의 가락인 운율이 녹아들어 있어서 마치 노래 부르는 듯한 느낌이 들지요.

🧑 운율이 있어서 그런지 시는 한 번만 들어도 기억에 남더라.

심상 (마음 심心 그림 상象)

　'귤'이라는 글자를 보면 어떤 생각이 드나요? 귤의 주홍빛 색깔과 동그란 모양, 그리고 새콤한 맛이 떠오르지요? 이처럼 글로 읽거나 말로 들을 때 마음에 떠오르는 감정을 심상이라고 해요. 성냥팔이 소녀가 성냥불을 통해 본 것은, 성냥불의 따스함에서 떠오르는 심상인 할머니였어요. 좋은 시를 읽으면 다채로운 심상이 피어오른답니다.

👦 참새가 짹짹하고 우는 소리만 들어도 마음속에서 참새들이 즐겁게 날아다니는 심상이 떠올라.

비유 (본뜰 비比 깨우칠 유喩)

　우리는 친구들끼리 부르는 별명이 있어요. 아마도 별명이 그 친구의 특징을 명확히 전달해서 기억에 남기 때문일 거예요. 비유는 어떤 현상이나 사물에 별명을 지어 주는 것과 같아요. 표현하려는 대상을 다른 대상에 빗대어 표현함으로써, 단순히 이름을 부르는 것보다 훨씬 더 특별한 의미나 효과를 불러일으키는 거죠. 빨간 머리 앤이 벚나무에 '면사포를 쓴 신부'라는 비유를 하면서 벚꽃의 하얀 느낌을 더욱 잘 전달해 주었던 것처럼요.

🧑 예수님과 부처님은 자신의 가르침을 재미난 이야기로 비유하여 알려주셨어.

반어 (뒤집을 반反 말씀 어語)

　현진건의 소설 〈운수 좋은 날〉은 제목과는 다르게 김 첨지의 아내가 죽으면서 비극적으로 끝나요. 하지만 우리는 그 제목 때문에 오히려 결말에서 더욱 큰 슬픔을 느끼죠. 이렇게 자신의 의도와 반대로 말해서 더욱 강조하는 표현 방법을 반어법이라고 해요.

🧒 우리 엄마는 내가 잘못만 하면 '아이구, 우리 아들. 참 잘 했다'하고 반어적으로 말해서 날 더 부끄럽게 해.

소설 (작을 소小 말씀 설說)

　양반들은 공자나 맹자 같은 학자들이 쓴 책을 좋아했어요. 있지도 않은 이야기를 꾸며서 말하는 건 좋지 않은 일이라고 여겼죠. 그래서 현실에 있음직한 이야기를 상상해서 꾸며 쓴 글을 '작은 이야기', 소설(小說)이라고 불렀어요. 하지만 많은 사람들은 자신들에게 상상의 나래를 펴게 해 주는 소설을 좋아했어요. 그래서 글을 모르는 사람들은 소설을 읽어 주는 이야기꾼 '전기수'를 좋아한 거예요.

👧 나는 소설 중에서 판타지 소설이 제일 좋아. 읽다 보면 내가 공주를 구하는 용사가 된 것 같거든!

구성 (글쓸 구構 이룰 성成)

　집을 지을 때 가장 중요한 건 기둥을 세우는 일이에요. 그림을 그릴 때도 스케치를 잘해야 좋은 그림이 완성되죠. 소설 역시 마찬가지예요. 돌멩이를 비롯해 여러 재료를 골고루 넣어 맛있는 돌멩이 수프를 끓이듯, 인물과 행동, 사건을 엮어야 해요. '어떤 이야기를 먼저 하고 어떤 이야기를 마지막에 할까?' 독자에게 자신의 의도가 잘 전달될 수 있도록 짜임새 있는 구성을 갖추어야 해요.

🧒 소설의 구성이 잘못 되면 아무리 좋은 이야기라도 이해하기 어려울 때가 있어.

발단·전개·위기·절정·결말

　일반적으로 좋은 구성이란 '발단·전개·위기·절정·결말'이라는 다섯 단계로 이루어져 있어요. 이야기가 시작하는 계기를 만들어 주는 발단, 이야기를 풀어내며 독자의 관심을 이끄는 전개, 사건이 생각과 다르게 진행되며 긴장감을 이끌어내는 위기, 인물들의 갈등이 최고에 달하는 지점인 절정, 그리고 모든 이야기가 끝을 맺는 결말로요.

　👧 발단·전개·위기·절정·결말이 모두 갖춰져야 좋은 소설이래.

시점 (볼 시視 점 점點)

　하나의 사건은 보는 사람의 관점에 따라 크게 달라질 수 있어요. 〈오성과 한음의 감나무 이야기〉에서 감나무를 바라보는 관점에 따라 감나무의 주인이 다른 것처럼 문학 작품에서도 작가가 이야기를 서술하는 관점이나 방식에 따라 이야기가 달라지죠. 〈사랑손님과 어머니〉에서는 사랑손님과 어머니의 사랑을 순수하게 표현하기 위해 여섯 살 난 여자아이의 시점으로 이야기를 전개했답니다.

　👦 〈사랑손님과 어머니〉는 1인칭 관찰자 시점으로 쓰였어. 1인칭 관찰자 시점은 주인공의 생각과 행동을 묘사하고 평가할 수 있어.

묘사 (그릴 묘描 베낄 사寫)

　묘사란 어떤 사물이나 장면을 보여 줄 때 그림을 보여 주는 대신, 글을 통해 독자의 머릿속에 그림을 그리는 것을 말해요. 소설뿐 아니라 논술에서도 상대방에게 자신이 설명하는 대상을 이해시키기 위해 묘사의 방법을 쓸 수 있어요. 황소를 만난 개구리도 아빠 개구리에게 황소의 모습을 잘 묘사해 주었다면 아빠 개구리의 배가 터질 일은 없었을 거예요.

　👧 네가 묘사해 준 대로 그림을 그리니까 정말 고양이가 그려졌어.

희곡 (연극 희戱 곡 曲曲)

옛날에는 단순한 이야기를 꾸며서 배우들끼리 즉흥적으로 연극을 했어요. 그걸 즉흥극이라고 하죠. 하지만 점점 연극 속 이야기가 길어지고 복잡해지면서 연극의 내용을 글로 써야 할 필요가 생겼고 이에 희곡이 탄생했죠. 그러면서 셰익스피어처럼 예술성이 뛰어난 희곡을 쓰는 극작가들도 생겨났어요. 희곡도 소설처럼 '발단·전개·위기·절정·결말'의 구성 단계를 가져요.

🧑 좋은 희곡은 읽기만 해도 눈앞에 연극이 펼쳐지는 것만 같아.

주장과 논거

인간은 자신이 옳다고 믿는 경향이 있어요. 나와 다른 생각을 가진 사람을 설득하기 위해 그 생각을 말과 글로 표현하죠. 그게 바로 주장이에요. 그런데 이 주장은 단순히 의견을 이야기하는 것만으로는 부족해요. 주장에 합당한 근거, 즉 논거를 밝혀야 해요. 솔로몬 왕의 판결에 모두가 동의하는 것은 그의 주장에 합당한 논거가 있었기 때문이에요.

👧 '컴퓨터 게임을 해야 성적이 오른다'는 너의 주장은 논거가 부족하기 때문에 받아들이지 않겠어.

비교와 대조

사과를 먹어 보지 않은 사람에게 사과를 설명하려면 어떻게 해야 할까요? 그 친구가 먹어본 과일과 비슷한 점, 또는 다른 점을 이야기해 주면 좋을 거예요. 이처럼 어떤 사물을 정확하게 이해하기 위해서 다른 사물과의 공통점과 차이점을 알아야 해요. 이를 비교와 대조라고 하지요.

👦 생일 선물을 고르느라고 백화점에 있는 물건을 하나하나 비교하고 대조했다. 그런데 불행하게도 엄마가 다른 걸 사줬다.

유추 (무리 유類 밀 추推)

같은 종류의 것 또는 비슷한 것에 기초하여 다른 사물을 미루어 추측하는 일을 유추라고 해요. 뉴턴은 사과와 땅의 관계를 지구와 태양의 관계로 유추해서, 우주에 중력이 존재한다는 사실을 밝혀 냈어요. 하지만 이런 유추는 직접적인 증명이 아닌 개연성을 통해 짐작하는 일이기 때문에, 틀릴 수도 있다는 점을 명심해야 해요.

🙎 톱과 벨크로는 자연현상에서 유추한 발명품이래. 나도 자연현상을 잘 관찰해야겠어.

원인과 결과

봄이 가면 여름이 오고, 다시 가을이 찾아오고 겨울이 오는 사계절. 이런 사계절이 생겨난 것도 모두 이유가 있어요. 이처럼 어떤 현상이 생겨난 이유를 원인이라고 하고, 그 원인으로 인해 생겨난 현상을 결과라고 해요. 이런 원인과 결과는 항상 밀접한 관계를 유지하기 때문에, 이를 인과관계라고 불러요.

🙎 내가 이번 시험 결과가 좋은 원인은 시험 공부를 열심히 했기 때문이야.

정의와 오류

정의는 어떤 말이나 사물의 뜻을 확실하게 밝혀서 규정하는 일이에요. 하지만 우리가 제한된 지식으로만 어떤 일에 대해 정의를 내리면, 앞뒤가 맞지 않는 오류에 빠질 수 있어요. 〈이것은 무엇일까요?〉에서 창민이가 코끼리를 '무'라고 정의내린 것처럼요. 그러니 어떤 일에 대해 정의를 내릴 때는 전체를 확인해서 오류를 피해야 해요.

🙎 네가 날 '게으르다'라고 정의한 건 내 일부분만 보고 판단한 오류야. 난 놀러 갈 때는 엄청 부지런하다니깐?

분류와 분석

　분류와 분석은 같은 나눌 분(分)을 사용해요. 하지만 분류의 류(類)는 '무리'를 말하고, 분석의 석(析)은 '쪼개다'를 말하죠. 이처럼 분류는 어떤 공통된 특징에 따라 무리를 나누는 것이고, 분석은 분류된 사물의 속까지 쪼개서 파악하는 거예요. 곤충학은 곤충의 종류를 분류하는 것이지만 파브르는 그 곤충의 생태까지 분석했지요. 그리고 그 결과물로 파브르는 〈곤충기〉를 펴내 지금까지 알지 못했던 곤충의 세계에 대해 더 자세히 알게 해 주었어요. 하지만 정확한 분석을 위해서는 먼저 분류가 필요하다는 사실, 잊지 마세요.

🧑 꽃은 그 생김새에 따라 여러 종으로 <mark>분류</mark>할 수 있다. 하지만 <mark>분석</mark>해 보면 대개 뿌리, 줄기, 잎, 꽃으로 구성되어 있다는 사실을 알 수 있어.

개념 (대개 개概 생각 념念)

　우리가 알고 있는 대부분의 지식들이 개념이에요. 모든 사람이 공통적으로 생각하는 지식이 '개념'이거든요. 그렇기에 개념이 바뀌면 큰 혼란이 일어나요. 다윈이 '창조론'이 아닌, '진화론'을 발표했을 때 큰 혼란이 생긴 것처럼 말이에요. 하지만 인류는 그러한 혼란을 딛고 새로운 개념을 정립해 가면서 비로소 발전했어요.

👧 공부를 할 때 <mark>개념</mark>을 이해하지 못하고 외우기만 한다면 '수박 겉 핥기' 하는 것과 똑같아.

가로 & 세로 퀴즈로 풀어 보는
십자말 풀이

정답 192쪽

가로

1. 어떤 말이나 사물의 뜻을 명백히 밝힘. '○○를 내리다.'

2. 어떤 일이 일어나게 된 근본이 된 일이나 사건. 반대말은 '결과'.

3. 단순한 것을 풀어서 단순한 요소나 성질로 나눔. '다이어트를 하려면 칼로리 ○○이 필요해', '날카로운 ○○'

4. 사물의 부문을 나누는 갈래. '○○에 따라 나누다', '○○가 다르다'

5. 둘 이상 사물의 차이점을 밝히는 일.

6. 논리, 논설 따위의 근거. '옳은 주장을 하려면 타당한 ○○가 필요해'

7. 사물의 근본이 되는 이치. '○○를 알면 과학이 쉬워요'

8. 하나하나의 구체적인 사실로부터 어떤 법칙을 이끌어 내는 추리 방법. '떨어지는 사과로 중력을 ○○한 뉴턴'

9. 둘 이상 사물의 공통점을 밝히는 일. '엄친아랑 나를 ○○하지 마'

10. 사과나무의 열매. 뉴턴은 ○○를 보고 중력을 발견했어요.

11. 미켈란젤로와 라이벌로 꼽히는 이탈리아의 화가. <모나리자>, <최후의 만찬>과 같은 명작을 남겼어요.

세로

1. 어떤 것에 관하여 의견을 논리적으로 이야기함. 프랑스의 바칼로레아와 조선 시대 책문이 바로 ○○시험이에요.

2. 어떤 대상에 대하여 가지는 생각. '네 ○○을 말해봐', '사실과 ○○'

3. 세상의 모든 일에 원인과 결과가 있고, 그 원인과 결과가 밀접한 관계를 맺고 있음을 가리키는 말.

4. 어떤 사실의 앞뒤, 또는 두 사실이 이치상 어긋나서 서로 맞지 않음을 이르는 말. 어떤 방패로도 막지 못하는 창과 어떤 창으로도 뚫지 못하는 방패에서 유래했어요.

5. 종류에 따라서 나눔.

6. 재료를 새기거나 깎아서 형상을 만들어내는 미술의 한 장르. 미켈란젤로의 특기였죠.

7. 말이나 글에서 생각이나 추리 따위를 이치에 맞게 이끌어 가는 과정이나 원리.

8. 그리스어로 '알았다!'라는 뜻으로, 아르키메데스가 외쳐서 유명해진 말.

9. 어떤 원인으로 인해 생겨난 결말. '원인과 ○○'

10. 어떤 사물 및 현상에 대한 공통적이고 일반적인 생각. ○○이 바뀌면 세상에 혼란이 와요. 요즈음에는 상식을 벗어난 행동이나 태도를 빗대 '○○ 없다'고 하지요.

11. 그릇되어 이치에 맞지 않는 일. '컴퓨터에 종종 ○○가 생겨요'

가로 & 세로 퀴즈 정답!

▼ 〈읽기 편 p32〉 정답

▼ 〈말하기·듣기 편 p70〉 정답

▼ 〈쓰기 편 p92〉 정답

▼ 〈문학 감상 편 p146〉 정답

▼ 〈논술 편 p190〉 정답